내성적
아이의힘

이해하는 만큼 발견하는
아이의 잠재력

# 내성적 아이의 힘

이정화 지음

21세기북스

프롤로그

# 내향성을 이해하면
# 아이의 잠재력이 보인다

"애가 너무 소심하고 겁이 많아요. 심심하다고 노래를 불러서 놀이터에 데리고 나가면 다른 아이들과 어울려 놀지 못하고 제 뒤에 숨어 있기만 해요."

상담실에 찾아온 지훈이 엄마의 이야기다. 일곱 살 지훈이는 아주 어릴 때부터 수줍음이 많고 내성적이었다. 엄마는 지훈이가 아직 어려서 그렇다고 생각하고, 친구들에게 적극적으로 말을 붙여보라고 권했다. 그런데 지훈이는 용기를 내기는커녕 점점 더

숨었고, 급기야 놀이터에 나가는 것도 싫어하게 되었다.

어느 날은 엄마가 놀이터에 아이를 데리고 가 다른 친구들에게 말을 걸어보라고 등을 떠밀었다. 그러자 지훈이는 엄마의 손을 뿌리치며 엉엉 울기 시작했다. 엄마는 아이의 사회성에 문제가 있는 건 아닌지 걱정이 돼 상담실을 찾았다.

초등 3학년 아름이 엄마 역시 아이와 의사소통이 어려워 답답함을 토로했다.

"아이가 매사에 너무 느려요. 질문에 대답을 들으려면 이제나 저제나 기린처럼 목을 빼고 기다려야 해요."

아름이는 감정이 상할 때마다 혼자 방 안에 들어가 입을 닫아버린다. 엄마 입장에서는 바로 그 자리에서 이야기하고 풀면 좋으련만, 아름이는 엄마가 아무리 달래고 화를 내도 입을 떼지 않는다. 엄마는 꿈적도 하지 않는 아이 때문에 혼자 마음을 바작바작 졸이기도 하고, 끓어오르는 분노를 느끼기도 한다.

학교에 갈 때에도 아름이와 엄마의 전쟁은 계속된다. 이미 등교해서 교실에 앉아 있어야 할 시간인데도 서두르기는커녕, 느굿하게 등교를 준비하는 아름이를 엄마는 도무지 이해할 수가 없다. 당연히 아름이는 지각이 잦고, 그때마다 엄마의 잔소리가 이어진다.

최근 지훈이와 아름이 같은 아이를 둔 많은 부모가 상담실을 찾는다. 지훈이처럼 낯선 곳을 무서워하고 혼자 노는 아이, 아름이처럼 행동이 느리고 학교 가기 싫어하는 아이, 발표를 병적으로 싫어하는 아이, 갑자기 분노를 폭발하는 아이 등등 증상도 다양하다.

## 아이의 행동에 숨겨진 진심을 발견하라 ★

지훈이와 아름이는 왜 그럴까? 엄마의 생각처럼 어떤 '문제'가 있기 때문일까? 사실 지훈이와 아름이 사례는 내향형 아이들의 전형적인 특징이다. 내향적 기질을 가진 아이들은 지훈이처럼 새로운 것에 적응하는 데 긴 탐색 시간이 필요하고, 아름이처럼 자기만의 계획을 세우고 그 기준에 맞춰 움직이는 특성이 있다. 특별히 문제가 있어서가 아니라, 아이 스스로 자신의 기질 특성에 따라 가장 안전하고 효율적으로 행동하고 있는 것이다.

문제는 엄마가 내향적 기질을 가진 아이를 있는 그대로 바라보지 않고, 외향적인 성격을 기준으로 아이를 다그치는 것에서 비롯된다. 위 사례의 아름이 엄마 역시 아이의 의견은 듣지 않고, 자신이 옳다고 생각하는 기준에 따르지 않는 아이를 일방적으로 몰아붙였다.

사실 아름이는 무언가 행동을 시작할 때 자기만의 계획대로 차분하고 여유 있게 하고자 하는 의지가 강했다. 또한 자신이 책임지지 못할 일이나 확실하지 않다고 여기는 문제에 대해 쉽사리 입을 열지 않았다. 특히 속상할 때에는 타인과 소통하기 이전에 자기 내면과의 대화부터 이루어져야 평안해지기에 혼자만의 시간을 가진 것뿐이었다. 엄마는 그런 아름이를 이해하지 못했고 아이의 방식을 인정하지 않았기에 탈이 난 것이다.

이들뿐만이 아니다. 십여 년간 상담실을 운영하면서 병리적인 문제를 갖고 있는 아이보다도, 기질과 특성을 사회 속에서 인정받지 못한 아이를 더 많이 보았다. 아이의 기질이 보편적인 기준에서 벗어났다고 규정되는 바람에, 힘들지만 학교와 부모의 일방적인 기준에 따라야 하는 아이들이다. 이처럼 자신의 성격을 고쳐야 할 약점이라고 인식하는 아이들은 높은 스트레스와 낮아진 자존감으로 고통스러워했다.

내향형 아이를 양육하고 있는 부모 역시 아이만큼 힘들긴 마찬가지였다. 이들은 자신의 자녀가 사회적 기준에 한참 뒤떨어지는 아이로 성장할까 봐 두려워했다. 동시에 일상에서 소통이 힘들고 표현이 적은 아이를 어떻게 이해해야 좋을지 몰라 답답해하는 경우가 많았다.

물론 빨리빨리 움직이는 세상에서 느리게 가는 아이를 지켜보기가 쉽지 않을 수 있다. 하지만 이를 문제라고 생각하는 것은 사실 부모와 사회의 기준일 뿐이다. 객관적 관점에서 이들은 전혀 문제가 아니다. 다만, 세상에 적응하는 자기 코드를 찾는 데 시간이 많이 걸릴 뿐이다. 이때 엄마는 내향적인 아이에게 외향적 기질을 강요하는 대신, 아이가 어떻게 생각하고 표현하는지 이해해야 한다.

## 외향형의 사회에서
## 내향형 아이의 부모로 사는 법

현대사회는 외향형의 사회다. 조직과 환경에 빠르게 적응하고, 목표 달성을 위해 최선을 다하며, 최고의 성과를 올려 타인에게 귀감이 되는 외향형 인간이 현대사회에 필요한 리더라고 여겨진다. 부모들 역시 빠릿빠릿하고, 순발력 있으며, 누구와도 빨리 친해지는 사교성 좋은 외향형 아이가 사회 적응에 적합한 성격이라고 믿는다.

하지만 아이를 성장시키는 현명한 부모라면 '속도'보다는 '특별함', '적응'보다는 '탁월함'에 주목해야 한다. 외향성과 내향성 중 어떤 특성이 우위에 있는지 가늠할 것이 아니라, 있는 그대로의 재능을 마음껏 펼칠 수 있는 장을 만들어줘야 하는 것이다.

일반적으로 '내향성'은 에너지가 안쪽으로 향하는 성질을 말하고, '내성적'은 내향적 성격을 의미한다. 초등학생 아이의 발달 수준을 고려하면 완성된 성격을 의미하는 '내성'보다 특성을 말하는 '내향'이라는 말이 더 적절하다. 하지만 이 책에서는 독자의 이해를 돕기 위해 아이의 전체적인 성격을 말할 때는 내성, 습성이 포함된 특성을 말할 때는 내향이라는 용어를 썼다.

아이의 잠재력은 아이를 있는 그대로 존중하고 지지하며 조력해주는 부모의 힘에서 나온다. 부모는 아이가 스스로의 성격을 고쳐야 하는 약점으로 여기지 않도록 이끌어야 한다. 아이의 타고난 기질 자체만으로도 충분히 강력한 힘을 발휘할 수 있도록 돕는 것이 부모의 역할이자 의무다. 나는 전면에 나서지 않지만 누구보다 신중하고 강하게, 그리고 적극적으로 자신을 만들어가는 진정한 내향형 아이들의 힘과 특성을 부모가 이해하는 데 도움을 주고자 한다.

이 책은 내향형 아이를 키우는 부모들이 그간 이해할 수 없어서 답답했던 아이의 행동, 사회적 기준과 달라서 그냥 두기에 두려웠던 아이의 행동에 대한 올바른 시선을 찾도록 도우려는 하나의 시도다. 이 시도만으로도 내향형 아이들에 대한 많은 선입견과 편견, 걱정과 우려를 내려놓는 데 도움이 될 것이다.

내향형 아이의 색깔과 코드, 내면세계와 사회 적응 방식 등을 이해하면, 그들은 사실 어떠한 결점과 약점도 가지지 않았다는 것을 알게 된다. 내향형 아이는 자기만의 강점과 삶의 지혜, 강한 의지를 가진 잠재력 높은 아이다. 이 책이 내향형 아이들을 바라보는 사회의 관점을 변화시키고, 수용의 폭을 넓히는 데 도움이 되길 바란다.

2018년 봄,
이정화

차례

**프롤로그** 내향성을 이해하면 아이의 잠재력이 보인다 —— 004

CHAPTER 1
# 우리 아이가 내성적인가요?

내성적인 아이는 모두 수줌음이 많을까? —— 019
이해되지 않으면 한 발자국도 움직이지 않는 아이 —— 025
등 뒤의 일에도 귀를 기울인다 —— 030
예의 없고 불친절하다는 오해 —— 034
내향성과 분노조절의 관계 —— 039
눈치 보고 움츠러드는 아이, 내성적이어서 그럴까? —— 042
집중하지 못하는 아이, 주의력결핍장애일까? —— 046

## CHAPTER 2
# 말하지 않는 아이의 속마음

| | |
|---|---|
| 어떨 땐 외향적이다가 또 어떨 때는 내향적인 아이 | — 055 |
| 아이를 이해하기 위한 첫 번째 열쇠 | — 064 |
| 우리 아이는 어떻게 내성적이 되었을까? | — 071 |
| 주변 환경이 내성적인 아이에게 미치는 영향 | — 076 |
| 내성적인 아이가 새로운 규칙을 만났을 때 | — 084 |

## CHAPTER 3
# 아이의 성격을 마주하는 순간

| | |
|---|---|
| 말하지 않는 아이, 오해하는 부모 | — 095 |
| 고집 부리는 아이, 근심하는 부모 | — 102 |
| 부모와 아이의 성격 궁합 | — 108 |
| 타고난 성격보다 중요한 것 | — 115 |
| 내성적인 아이에게 독이 되는 부모의 태도 | — 123 |
| 부모와 아이의 '신뢰의 탑' 쌓기 | — 130 |

## CHAPTER 4
# 아이의 감정을 읽으면 강점이 보인다

| | |
|---|---|
| 타인의 감정에 공감할 줄 아는 아이 | — 139 |
| 내성적인 아이의 스트레스 해소법 | — 147 |
| 스스로를 보호하며 관계 맺기 | — 151 |
| 마음을 여는 대화 vs. 마음을 닫는 대화 | — 157 |
| 내성적인 아이가 동기를 얻는 법 | — 163 |
| 감정이 건강한 아이가 학습도 잘한다 | — 170 |

## CHAPTER 5
# 한 걸음 더 성장하는 실전 코칭 기술

| | |
|---|---|
| 자존감은 부모의 태도로 만들어진다 | — 183 |
| 아이가 주체가 되는 건강한 사회성 기르기 | — 193 |
| 당당하게 의견을 말하는 아이가 소통도 잘한다 | — 201 |
| 공감이 아이의 마음을 건강하게 한다 | — 209 |
| 내성적인 아이가 공부하는 법은 따로 있다 | — 219 |
| 현명한 부모의 지혜로운 훈육법 | — 228 |

**CHAPTER 6**

# 내성적인 아이를 키우는 부모의 자세

| | |
|---|---|
| 내성적이어서 뛰어난 것들 | — 237 |
| 강점을 재능으로 이끄는 부모 | — 244 |
| 아이의 마음을 어루만지는 부모 | — 251 |
| 부모와 아이가 함께하는 마음 챙김 훈련 | — 259 |
| '자기'다운 아이, '자기'다운 부모 | — 269 |

**부록**

**일상 속 엄마의 고민 Q&A**
"이럴 땐 어떻게 해야 하나요?" — 276

내향형 아이는 감수성이 높고 감각이 예민한 특성을 가졌다. 기질적으로 외부 자극에 크게 반응하고, 오감 능력이 뛰어나기 때문이다. 부모가 기억해야 할 점은 예민성이 나쁜 것만은 아니라는 사실이다. 예민함은 다른 사람의 말을 더 주의 깊게 듣고, 공감하며, 일상생활에서 자신의 감각을 잘 활용할 수 있는 사람으로 자라나는 데 아주 큰 강점으로 활용될 것이다.

CHAPTER 1

# 우리 아이가
# 내성적인가요?

# 내성적인 아이는
# 모두 수줍음이 많을까?

**부끄러움이 많은
소심형 아이** ★

"영민이는 낯가림이 너무 심해요. 혼자 노는 게 심심해 보여서 친구들과 어울리게 하려고 하는데, 아이는 자꾸 집에서 그림만 그리려고 해요."

여섯 살 영민이는 낯선 곳을 싫어하는 아이다. 엄마는 집에서 그림만 그리는 영민이가 안쓰러웠다. 엄마는 영민이가 심심해할 때 놀이터나 키즈카페에 데려가려고 했지만, 영민이는 번번이 엄마의 제안을 거절했다. 하루는 유치원에서 발표회가 있었는데, 전날 밤부터 영민이는 유치원에 가기 싫다고 했다. 그래도 유치원을 빠지면 안 된다고 억지로 보냈더니, 유치원 문 앞에서 빨리 들어가라는 엄마를 발로 차는 과격함을 보였다. 그제야 엄마는 영민이가 유치원에 가는 게 얼마나 힘든지 느끼고서 더럭 겁이 났다.

이야기를 나눠보니 영민이 엄마는 매일 새로운 환경과 자극을 통해 아이를 단련시키는 것이 자신의 역할이라 여기고 있었다. 아이가 너무 소극적이고 집단 활동에서 자기표현을 못하는 것이 걱정되었기 때문이다. 키즈카페와 문화센터 등을 다니며 아이의 부족한 사회성을 채우려 했고, 영민이를 위해서 또래 친구와의 모임도 많이 열었다. 그러나 그럴수록 영민이는 더 소극적이 되었다. 낯선 공간이나 다른 어른들이 함께 모이는 곳에 가면 엄마 뒤에 딱 붙은 채 숨어 있고, 낯선 아이들을 보면 겉돌거나 피해버리기 일쑤였다.

무엇이 문제일까? 영민이 엄마는 아이의 특성과 욕구는 무시한 채 다른 아이들과 같이 활동하면 사회성이 좋아지리라는 기대를 가지고 있었다. 그런데 오히려 그 때문에 영민이가 날이 갈수록 소심해지고 위축된다는 사실을 몰랐다. 내향형 아이는 자신에게 오는 기대가 너무 버겁고 힘들면 자기 내면으로 숨어버리는 경향이 있다. 영민이 역시 점점 자신이 통제하기 힘든 상황이 반복되자 기가 죽고, 다른 사람들과 관계 맺기가 힘들어진 것이다. 결국 영민이는 낯선 공간이나 사람을 극도로 두려워하게 됐다.

## 내향성과 수줍음은 다르다 ★

많은 사람이 내향형 아이를 수줍음이 많거나 소심하다고 생각한다. 다른 사람 앞에서 말이나 행동이 어렵고 부끄러움이 많은 수줍음의 특성이 내향형 아이에게 자주 보이기 때문이다. 그래서 내향형 아이가 수줍음을 느끼는 상황에 자주 노출돼 익숙해지면 점차 나아질 것이라고 생각한다.

그런데 내향성, 외향성과 '수줍음'이라는 기질 특성은 아무 관련이 없다. 사람에 따라 수줍음이라는 기질적 특성을 많이 가지고 있는 사람도 있고, 그렇지 않은 사람도 있다. 특히 아직 환경에 적응하는 경험을 충분히 갖지 못한 유아들은 거의 대부분 수줍음이라는 선천적 특성을 고스란히 가지고 있는 경우가 많다. 예를 들어 낯가림이 시작되는 9개월 된 아기는 낯선 사람을 보면 부끄러워하고 눈을 마주치지 않으며 그 불편함을 울음으로 나타낸다. 낯선 사람에게 낯가림을 하지 않는 아이는 자와 타를 구별하지 못하는 자폐 상태의 아이들밖에 없을 정도다. 그만큼 수줍음은 인간 고유의 특질이자 누구나 갖고 있는 특질이다. 다만, 이 특질이 보다 강한 사람과 그렇지 않은 사람으로 나뉠 뿐이다. 따라서 부모는 아이가 내향적인 건지, 수줍음이 많은 건지 먼저 구분해야 한다.

수줍은 아이와 내향형 아이의 가장 큰 차이는 부끄러움을 느끼는 상황에 있다. 내향형 아이는 준비된 발표와 같이 이미 틀이 갖추어져 있고 대본이 있는 상황에서는 의외로 불편함을 느끼지 않는다. 이는 대인관계에서의 낯설음을 싫어할 뿐, 공식적인 일은 잘 수행하는 내향성의 특징이다. 내향형 아이는 오히려 낯선 사람과의 일대일 관계를 불편하게 여긴다.

반면 수줍음이 심한 아이는 사람이 많은 대그룹 환경이 불편하다. 외향형 중에서도 수줍음이 많은 아이가 있다. 이들은 끊임없이 다른 사람과의 관계를 원하지만 수줍음 때문에 그 마음을 펼치지 못한다. 그럴 때 외향형 아이는 내향형 아이보다 훨씬 더 크게 좌절하고 속상해한다. 그러나 사회적 경험이 쌓이면 본래의 성향에 따라 사회적 관계를 형성할 수 있으므로 크게 걱정할 필요가 없다.

영민이와 같은 내향형 유아들은 새롭고 도전해야 하는 환경이 아니라 안정적이고 준비된 환경에서 스스로의 영향력을 발휘할 수 있도록 도와야 한다. '시키면 묵묵히 따라 하니까 좀 더 이끌어주면 알아서 행동하지 않을까' 하는 기대감은 아이를 힘들게 하고, 점점 자신감을 잃게 한다. 아이의 행동을 자꾸 문제시하지 말자. 서서히 자기 속도로 사회적 관계를 맺어나가도록 지지한다면 수줍음은 내향형 아이의 성장에 걸림돌로 작용하지 않을 것이다.

## 내향형 아이를 소심하다고 생각하는 이유 ★

소심함 역시 내향성과 분별하기 쉽지 않다. 일반적으로 소심하다는 것은 자신이 해야 하는 일이나 요구받는 일에 관해 걱정과 불안이 많은 상태를 말한다. 걱정과 불안은 성격 특성보다는 아이의 개인적인 정서 상태와 더 큰 연관성을 보인다.

외향형 아이도 마찬가지다. 다른 사람의 평가나 이목에 민감하고 관심을 끌고 싶은데 그것이 뜻대로 안 될 경우, 외향형 아이도 불안하고 소심해진다. 그럼에도 일반적으로 내향형 아이를 더 소심하다고 생각하는 이유는 걱정과 불안 때문에 도전하지 않고, 사람들이 많은 장소에서는 행동을 회피하는 모습을 보이기 때문이다.

이때 부모가 주의할 점은 내향형 아이를 무조건 소심하다고 규정지어서는 안 된다는 것이다. 내향형 아이는 자신이 편하다고 느끼는 환경만 형성되면 대단히 적극적이고 활동적으로 행동한다. 그뿐만 아니라 외향형 아이보다 자기만의 기준과 방법을 더 확고하게 가지고 있기 때문에 한번 결단을 내리면 상당한 추진력과 책임감으로 그 일을 해낸다.

다만 내향형 아이는 외부 활동이나 적극적으로 행동하는 시간을 너무 많이 가지면 쉽게 피곤을 느끼므로 적절히 휴식을 취하도록 이끌어야 한다. 또한 다른 사람이 자신의 일에 개입한다고 판단되면 방해받고 싶지 않은 마음 때문에 자기 영역을 좁힐 수 있다. 이는 소심함이라기보다는 아이 스스로 자기 특성을 잘 이해하고 행동하는 자율성과 더 큰 연관이 있다.

# 이해되지 않으면
# 한 발자국도 움직이지 않는 아이

**하기 싫은 일은 피하는
자기몰두형 아이** ★

여덟 살 민상이는 수업 시간이 큰 스트레스라고 말한다. 충분한 시간을 가져야 답이 나오는 문제인데도, 선생님은 즉시 떠오르는 느낌을 쓰거나 말하라고 재촉한다는 것이다. 모른다고 말하면 혼날 것 같고 대답은 바로 떠오르지 않아 민상이는 수업 시간이 정말 싫다. 설상가상으로 선생님은 바로 답하지 못한 문제들을 집에 가서 풀어오라고 숙제를 내곤 한다.

이뿐만 아니다. 선생님은 급식 시간에도 먹기 싫은 것을 '빨리 빨리' 다 입에 집어넣으라고 이야기한다. 민상이는 선생님의 요구를 이해하기 어렵지만 선생님이 무서워 따를 뿐이다. 민상이에게 학교는 정말 이해할 수 없고 짜증 나며 힘든 곳이다. 민상이는 다시 유치원으로 돌아가고 싶은 마음뿐이라고 털어놓았다.

민상이와 같은 내향형 아이들이 학교에 적응하지 못하는 이유는 단순하다. 아이는 아직 준비가 되지 않았고 어떤 일을 시작할 의지가 전혀 없는데, 교사나 부모는 빨리 결과물을 내라고 종용하는 탓이다. 내향형 아이의 특성 중 하나는 정확하지 않거나 스스로 납득하기 어려운 일을 수행하는 데 어려움을 느낀다는 점이다. 이해할 수 없는 일은 받아들이지 않는 자기만의 기준 때문이다.

부모나 교사는 이런 아이의 행동을 보고 자기중심적이고 미성숙하다고 생각하기 쉽다. 사실은 아이가 아직 학교에서 요구하는 과제에 대한 정신적, 심리적 준비가 되지 않았을 뿐이다. 이를 이해하지 못하고 아이에게 비판이나 강요를 하면 아이는 더욱 자기 내면으로 숨어버리고 만다. 점점 더 학교생활에서 거리가 멀어지고 자기만의 세계에 갇히는 것이다.

## 아이를 그냥
## 내버려둬도 될까요? ★

내향형 아이가 외부 자극을 자기 것으로 받아들이는 데는 외향형 아이보다 더 많은 시간이 필요하다. 그러므로 아이에게 충분한 탐색과 경험의 시간을 줘서 이해하게 하는 것이 중요하다.

민상이에게는 '무조건 해야 하는 것', '다른 아이들도 다 하는 것'과 같은 틀에 박힌 설명이 와닿지 않는다. 그렇기에 부모가 민상이의 시선으로 세상을 바라보는 자세가 필요하다. 많은 것을 받아들일 준비를 하고 있는 민상이의 노력을 인정하면서 천천히 해도 된다는 여유를 줄 때 아이는 조금씩 모방과 탐색, 수용의 자세를 가지고 자기만의 색깔을 드러낸다.

현실적으로 민상이처럼 초등 1학년 아이를 둔 부모들은 이 과정을 견뎌내기 힘들다. '학교에서 용인되지 않는 행동을 하는 아이를 그대로 지켜보는 것이 옳을까' 하는 의문이 들기 때문이다. 무엇보다 선생님의 반복되는 지적이 부담스러울 것이다. 그러나 이러한 외부 평가 때문에 아이를 다그치면, 아이는 자신의 기준을 지키기 위해 더 고집스러워지고 부적절한 행동을 하며 부모의 말에도 귀를 닫게 된다.

아이를 무조건 감싸라는 것이 아니다. 학교에서 걱정스러운 피드백을 받더라도, 부모가 중심을 잡고 아이가 할 수 있는 일을 찾아 하나씩 해내도록 격려하는 자세가 필요하다는 말이다. 그 과정에서 아이의 성취감을 이끌어낼 수 있다.

### 깊게 파고드는
### 강점에 주목하라 ★

자기몰두형 아이들은 자기가 좋아하는 것에만 몰두하는 경향이 있다. 시끄럽고 예측하기 어려운 일을 싫어하는 특성 탓에 레고나 퍼즐, 바둑 등 혼자 노는 일에 몰입하는 일이 많다.

이들은 학습을 좋아하고, 그 원리를 아는 데 관심이 많다. 새롭거나 신기한 것이 있으면 끝까지 그 원리를 알려고 노력한다. 이런 모습이 지나치게 자기몰두적으로 보일 수 있다. 그래서 외부의 다른 것에 관심이 없고 폐쇄적인 아이라고 오해받기 쉽다.

그러나 자기몰두형 아이는 자신이 아는 것을 다른 사람에게 알려주고자 하는 욕구가 높고, 다른 사람의 생각에도 관심이 많다. 이런 사실은 아이의 놀이 과정을 보면 잘 알 수 있다. 외향형 아이는 다른 아이와 대화할 때 주로 자기 이야기만 신나게 하는 경향이 있다. 놀이를 해도 자기가 원하는 놀이를 주도해 다른 아이를 설득한다. 반면 내향형 아이는 다른 아이가 무엇을 원하는지 먼저 듣는다.

다만 이때 다른 아이와 자신이 원하는 것이 다르면, 아이는 상대방이 나와 놀아주지 않는다거나 다른 아이와 함께할 수 있는 놀이가 없다고 느낀다. 이는 내향형 아이의 사회성이 부족하기 때문이 아니다. 아직 어리고 경험이 부족하기 때문에 서로 조정하는 법을 모를 뿐이다. 이 문제는 사회성보다 '무엇을 더 중요하게 인식하는가'라는 관점으로 접근하는 것이 훨씬 타당하다. 실제로 초등학교 교실에서 모둠 활동을 할 때 외향형 아이들은 매우 큰소리로 자기의 의견을 제시하고 다른 아이들을 설득한다. 하지만 그들은 '그 과제를 얼마나 잘 해낼까'보다는 '다른 아이들에게 자신의 의견을 얼마나 설득력 있게 제시할까'에 더 큰 관심이 있다. 반면 내향형 아이들은 그 주제를 온전히 이해해서 과제를 충실하게 해내려고 노력한다. 엄마는 아이의 이런 노력을 알아주고 칭찬해줄 필요가 있다.

# 등 뒤의 일에도 귀를 기울인다

**친구가 필요 없다고 말하는
외톨이형 아이** ★

초등 3학년 기현이는 친구가 필요 없다고 말하고 다닌다. 학교에서도 쉬는 시간에 늘 엎드려 자고 있거나 자신이 좋아하는 만화만 그리고 있다. 다른 아이들이 하는 놀이나 활동에 끼어들 때가 거의 없다. 기현이의 이런 특성 탓에 시간이 갈수록 기현이에게 관심을 갖고 함께 놀자는 친구가 없어졌다. 어느새 기현이는 친구들과 거리가 멀어져버렸고, 이런 기현이를 지켜보던 엄마는 이후 사회생활이 어려울까 봐 걱정이다. 아닌 게 아니라 기현이는 학년이 올라갈수록 동생과 엄마에게 짜증이 많아졌다.

내향형 아이는 보통 사교적이지 못하고 사람에 대한 관심이 덜한 것처럼 보인다. 그래서 그룹 활동이나 다른 사람과 함께하는 일에 소극적이라고 알려져 있다. 또한 자신이 좋아하는 일에만 몰두해서 다른 여타의 상황이나 일은 무시하고 사는 것처럼 보인다. 그래서 내향형 아이가 생활지능도 떨어진다고 생각하는 경우가 대부분이다.

그러나 사실은 완전히 다르다. 기현이는 사람에 대한 관심이 없지 않다. 아니 오히려 사람에게 관심이 매우 많은 축에 속한다. 기현이와 대화를 해보니 학교에서 직접 말해본 친구는 없지만 반 아이들이 어떻게 노는지, 무엇에 관심이 있는지, 쉬는 시간에 무엇을 했는지까지 잘 알고 있었다. 엎드려 있을 때도 귀는 열려 있었고, 다른 사람을 관찰하는 일은 열심이었던 것이다.

기현이는 적극적으로 나서서 자신을 표현하는 일이 다소 어려울 뿐이다. 아이들과 공통분모가 있거나 이야기할 주제가 분명해야 행동할 수 있는데 그것을 찾기가 힘든 것이다. 대부분의 외톨이형 아이는 친구가 없는 이유를 설명할 때 다른 아이들이 자기가 좋아하는 놀이에 관심이 없기 때문이라고 말한다. 이는 타인이 자신에게 맞추길 바라는 자기중심적인 마음 때문이 아니다. 그저 어떻게 다른 아이와의 공통분모를 찾아낼 수 있을지, 함께 놀 수 있을지에 대한 아이디어가 부족한 것뿐이다.

## '공감'이라는 징검다리 ★

만약 반 친구들 중 한 명이라도 만화에 대해 공감하고 지식과 정보를 나누고자 했다면 기현이는 바로 친구를 사귈 수 있었을 것이다. 내향형 아이는 일대일의 관계에서 다른 친구를 있는 그대로 수용하는 좋은 경청자다. 그러므로 공감으로 이어주는 징검다리만 있다면 좋은 친구, 오래 갈 수 있는 믿음직한 친구가 될 가능성이 높다. 따라서 다음 몇 가지 사항만 고려하면 기현이와 같은 외톨이형 아이도 쉽게 사회성을 키울 수 있다.

첫째, 아이가 준비되지 않았는데 원하지 않는 그룹 활동을 시켜서는 안 된다. 생일 파티나 캠프 등 친구들이 많이 있는 곳만 보내면 자연스럽게 아이의 사회성이 좋아진다는 생각을 버려라. 이럴 때 내향형 아이는 거북이처럼 움츠러들어 사람들과의 관계에서 위축될 수 있다.

둘째, 아이의 사회적 관계이니 아이가 알아서 해야 된다고 방치해서도 안 된다. 자신의 무대가 펼쳐지면 누구와도 잘 대화할 수 있는 아이들이지만 그 장을 펼치기까지가 무척 어렵다. 그렇다고 부모가 모든 과정에 개입하지 말고, 적절한 멍석을 깔아주는 것이 좋다. 기현이를 예로 들면 부모가 만화 동아리나 모임 등에서 활동할 수 있도록 안내해주는 것이다. 친구들과 놀기 시작할 때도 자꾸 밖으로 나가서 놀라고 하지 않는 게 낫다. 처음에는 홈그라운드의 이점을 충분히 활용할 수 있도록 집에서 놀게 도와주자. 아이가 더 편하게 친구와의 관계를 만들어나갈 수 있을 것이다.

셋째, 친구관계 외의 학교생활에서 아이가 관심을 가지거나 잘 할 수 있는 일을 찾아준다. 기현이만 보더라도 친구관계가 잘 풀리지 않으니 학교생활 전반에서 수동적인 특성을 보였다. 이때 부모가 친구관계를 너무 걱정하거나 그것이 학교생활의 전부인 것처럼 이야기하지 말아야 한다. 학업, 체육 활동, 동아리 등 아이가 관심 있어 하는 영역을 찾아 도와주고 일상에 활력을 가지게 하는 것이 좋다.

# 예의 없고 불친절하다는 오해

**대답하지 않는
무심형 아이** ★

여섯 살 석준이 엄마는 아이가 너무 예의가 없는 것 같아 걱정이다. 친척이나 이웃을 만나서 인사를 하지 않는 것은 물론이거니와 어른들이 무엇을 물어봐도 대답하지 않고 입을 다물어버리는 경우가 다반사다. 어른이 먼저 인사해도 못 본 척하는 석준이를 보면서 '긴장해서 그러겠지'라고 이해해보려고 노력도 했다. 하지만 자주 본 이웃이나 친척들에게조차 인사하지 않는 석준이를 보면 화가 난다. 예의 없는 행동을 가장 싫어하는 석준이 엄마는 매번 석준이를 다그칠 수밖에 없다. 아무리 석준이를 설득하고 달래도 태도가 달라지지 않아 상담실을 방문했다.

내향형 아이 중에서도 무심형 아이들을 보면 사람들은 예의가 없거나 친절하지 않다고 생각한다. 어릴 때는 석준이처럼 인사를 안 하는 행동이 수줍어서 그런 것이라고 이해받을 수 있다. 하지만 다른 사람이 자신에게 관심을 가져주며 이야기하는데 시종일관 딴 곳을 쳐다보거나 모른 척하는 모습은 어른들이 보기에 정말 불편한 일이다. 그래서 어른들은 아이의 이런 태도를 지적하며 예의가 없다고 말한다.

사실 내향형 아이가 불친절하고 무례한 것처럼 보이는 이유는 자기표현에 익숙하지 않은 탓이다. 석준이의 이야기를 들어 보니, 마음속으로는 어른을 보면 인사하고 반갑게 맞이해야 한다는 것을 알고 있다고 한다. 다만 이를 말로 꺼내어 표현하는 것이 어렵다고 말했다. 게다가 힘겹게 마음의 준비를 해서 인사말을 꺼내려고 하면 어른들은 이미 다른 대화 중일 때가 많다는 것이다. 이런 상황이 반복되면 아이는 당혹스러움을 느끼고 점점 인사하기를 두려워하게 된다.

## 자연스럽고
## 편안한 환경의 힘 ★

이는 앞에서 이야기한 낯선 상황에서의 부끄러움과도 연관되지만, 내향인이 가진 신경학적 특성과도 연관된다. 외향인과 내향인은 선천적으로 서로 다른 뇌 구조를 가지고 있다. 외향인은 도파민이라는 흥분을 일으키는 신경전달물질에 민감하게 반응하고, 내향인은 아세틸콜린이라는 차분하고 평화로운 감정을 유발하는 신경전달물질에 민감하게 반응한다.

분비 주기가 짧고 빠른 도파민은 행동에너지를 자극하는 신경학적 특성을 가졌다. 따라서 도파민에 민감한 외향형 아이는 생각하는 동시에 행동하는 것이 쉬운 일이다. 하지만 분비 주기가 길고 느린 아세틸콜린에 민감한 내향형 아이는 생각과 행동 사이의 간격이 넓다. 그래서 돌발 상황에 즉각적인 대처가 쉽지 않다.

이런 특성 탓에 내향형 아이는 주위 사람이 자신을 지적해 주목받게 되거나 상대의 반응이 너무 격렬해서 크게 비난받는 느낌이 들면 아예 입을 닫아버린다. 과도한 반응과 시끄러운 소리 등은 내향형 아이가 가장 싫어하는 자극이다. 내향형 아이와 이야기할 때는 목소리를 부드럽고 나직하게 내고, 어느 정도 거리를 둔 상태에서 조심스럽게 대화를 시작하는 것이 좋다.

아이가 누군가와 인사하길 원한다면 부모가 먼저 타인에게 인사하는 모습을 보여주는 게 좋다. 이때 아이에게 인사하라는 말을 따로 해서 아이를 곤혹스럽게 만들지 않도록 한다. 부모가 인사를 지시한다면 아이는 비슷한 상황이 닥쳤을때 모든 사람이 자기가 인사를 하는지, 하지 않는지에 주목한다고 판단해서 인사가 더욱 어려워진다.

내향형 아이가 가장 원하는 환경은 자연스러운 분위기다. 그런 환경을 만들어주기만 하면 아이는 자신이 배운 예의를 하나씩 실천해나갈 것이다. 자연스러운 환경에서 지속적인 경험으로 사회적 규율이 내재화되면 내향형 아이는 누구보다 친절한 모습으로 사람들을 대할 것이다.

내향형 아이의 정서가 풍요롭지 않고 다른 사람에게 친절하지 않다고 말하는 것은 그들을 잘 이해하지 못한 결과다. 사실 내향형 아이는 다른 사람에게 많은 관심을 갖고 있으며, 타인이 자신에게 가지는 생각과 느낌에도 관심이 많다. 그래서 다른 사람 앞에서 혼이 나거나 망신을 당하는 일이 있으면 외향형 아이들보다 훨씬 깊은 상처를 입는다.

내향형 아이는 사람들과 깊은 관계를 맺길 원하고, 자신과 깊은 관계에 있는 사람을 누구보다 특별하게 생각한다. 그래서 아주 어린아이들도 가장 친한 친구에게 오랫동안 큰 애정을 주며, 설혹 떨어져 있다 해도 친구의 이름을 절대 잊지 않는다. 내향형 아이는 새로운 친구보다는 익숙하고 오래된 친구를 선호하는 경향을 보인다. 이런 모습은 외향형 아이들에게는 거의 찾아보기 힘든 일이다.

# 내향성과 분노조절의 관계

**갑자기 화를 내는
감정폭발형 아이** ★

엄마는 일곱 살 혜민이를 평소에는 참 착한 아이라고 느낀다. 그런데 어느 순간 돌변해 악을 쓰고 울기 시작하면 지킬 박사와 하이드처럼 걷잡을 수가 없다. 하루는 자기가 만든 레고를 동생이 만져서 망쳐놓았다고 화를 냈다. 엄마는 혜민이를 다독였지만 아이의 분노는 사그라들지 않았다. 급기야 엄마마저 화가 났고 결국 아이를 야단치고 말았다. 그랬더니 혜민이는 제 방 책을 모두 방바닥으로 집어던지며 행패를 부렸다. 매를 들어 겨우 진정하게 했지만 이런 순간에는 혜민이가 완전히 다른 아이 같다. 엄마는 아이를 어떻게 훈육해야 할지 알 길이 없다.

내향형 아이는 평상시에 감정을 잘 표현하지 않는다. 웬만한 일에는 화를 내지 않고 참는 경향이 있다. 그렇다 보니 감정을 조절하는 방법을 알지 못하고, 참을 수 없는 감정이 복받치게 되면 그 감정을 격렬하게 표출하곤 한다.

혜민이 같은 감정폭발형 아이에게는 평소 어떤 감정을 잘 표현하지 못했는지, 쌓여 있는 마음을 왜 말하지 못했는지 주목해주는 것이 좋다. 분노가 유독 크게 보이는 것일 뿐, 자세히 관찰해보면 다른 감정 역시 표현하지 못하고 있을 것이다.

## 쌓인 감정의 돌파구 찾기 ★

혜민이와 같은 감정폭발형 아이의 부모는 물건을 던지면 안 된다든지, 부모를 때리며 소리 지르면 안 된다는 것처럼 하지 말아야 하는 행동을 정확히 알려줘야 한다. 또한 "공을 벽에 던져볼 수는 있어", "펀칭백을 때릴 수는 있어" 등 아이의 안정을 돕는 행동 수칙을 반복적으로 이야기하면서 아이를 진정시켜야 한다.

내향형 아이는 분노를 폭발한 다음, 그에 대한 자책감을 크게 느낀다. 만약 아이의 감정폭발을 제한하지 않고 아이가 하고 싶은 대로 두면, 이후 자책감 때문에 아이의 자존감이 하락하고 불안이 더욱 커질 수 있다. 혜민이 엄마에게 이 방법을 알려주고 평상시에 대화 시간을 많이 만들라고 조언했더니, 2주 만에 아이의 감정폭발이 전혀 보이지 않는다고 전해왔다.

이렇듯 내향형 아이는 감정을 쌓아두고 또 쌓아두었다가 한 번에 그 에너지를 폭발하는 경향이 있기 때문에 분노조절장애로 오해를 받기도 한다. 이런 경향성을 줄이기 위해서는 잠자기 전이나 엄마와 일대일로 조용한 시간을 보낼 때 충분히 자신의 이야기를 할 수 있도록 도와줘야 한다. 어떤 이야기든 부모가 수용하고 더 좋은 해결책을 함께 찾아갈 수 있음을 아이가 알 수 있도록 해야 한다.

이때 주의할 점은 기준이 되는 부모의 해결책이나 지침을 먼저 이야기하면 이 대화의 효과가 사라진다는 것이다. 내향형 아이는 자신의 의견을 제시하기 전에 부모의 이야기부터 들으면, 부모가 그것을 원하므로 따라야 한다고 생각한다. 언제나 개방적인 마음으로 아이의 의견과 감정을 충분히 들어주자.

# 눈치 보고 움츠러드는 아이,
# 내성적이어서 그럴까?

**예민하고 걱정이 많은
불안형 아이** ★

초등 1학년 성민이는 학교에서 다른 아이들의 놀림을 견디지 못하겠다며 울음을 터트렸다. 처음에는 학교생활이 처음이라 그렇다고 생각한 엄마는 6개월이 지나도 변하지 않는 성민이의 모습을 보면서 고민이 많다. 사실 성민이는 집에서도 걱정이 많은 아이다. 엄마 표정만 달라져도 "엄마, 화났어요?" "엄마, 기분 나빠요?" 등의 질문을 하며 불안해한다. 엄마는 저렇게 예민하니 아이들이 툭툭 던지는 장난을 받아들일 여유가 있을 리 없다고 이해하면서도 염려가 된다. 괜찮다고 안심을 시키기도 하고, 기분대로 다른 아이들에게 감정을 표현하라고도 해봤다. 하지만 성민이는 매일 학교에 갈 때마다 "오늘도 창훈이가 나 괴롭히면 어떡해요?"라고 걱정한다.

실제로 내향형 아이는 감수성이 높고 감각이 예민한 특성을 가졌다. 기질적으로 외부 자극에 크게 반응하고, 오감 능력이 뛰어나기 때문에 확률적으로 예민할 가능성이 높다. 특히 일상생활에서 자기 영역에 예고 없이 외부 자극이 들어왔을 때 상당히 신경이 곤두서고 짜증이 늘어난다.

성민이와 같은 불안형 아이는 자신이 예측하지 못하거나 나쁘다고 생각하는 행동을 다른 아이들이 할 때 참기 힘들다. 쉽게 말해, 다른 아이들이 이 자극을 10만큼 받아들인다면 성민이는 50 이상으로 받아들이기 때문에 견디기 힘든 것이다.

### 남들보다 민감하게 반응하는 지점을 찾아라 ★

부모는 예민한 아이에게 어떻게 반응해야 할까? 불안형 아이는 자신이 친구들의 장난을 실제

보다 민감하게 받아들인다는 사실을 깨닫고, 자신이 가장 견디기 힘든 일이 무엇인지 조금씩 자각할 때 예민한 반응을 줄일 수 있다. 이를 위해 성민이 엄마에게 아이가 언제 가장 예민해지는지 관찰하게 했다.

성민이는 청각적 자극에 예민한 아이여서 소리, 말 등에 민감했다. 그래서 평소 성민이가 싫어하는 소리를 아주 작게 듣기 시작해서, 점차 크게 들었을 때 어떤 변화를 보이는지 살펴볼 것을 제안했다. 성민이에게 소리가 커질 때 어떤 느낌인지 말로 표현해달라고 했고, 이 과정에서 성민이는 자신이 어떤 소리가 들리면 힘든지 스스로 깨닫게 됐다.

이와 함께 성민이 부모는 타인의 민감한 말과 행동에 숨겨진 의미를 아이가 이해하도록 도왔다. 다시 말해 아이들이 성민이에게 장난치는 것은 말을 걸고 싶어서 그런 것이라는 식으로 생각을 바꾸게 만든 것이다.

성민이의 불안감은 조금씩 줄어들었다. 물론 이 예민함이 곧바로 다 없어지지는 않는다. 그러나 이런 훈련을 지속적으로 하면 성민이도 갑작스러운 환경에 적응하는 법을 배울 수 있을 것이다.

부모가 기억해야 할 점은 예민성이 나쁜 것만은 아니라는 사실이다. 성민이처럼 낯선 환경에 적응하기 어렵게 만들기도 하지만, 강점으로 작용할 수 있는 아주 좋은 특성이다. 특히 내향형 아이가 다른 사람의 말을 더 주의 깊게 듣고, 공감하며, 일상생활에서 자신의 감각을 잘 활용할 수 있는 사람으로 자라나는 데 예민함은 아주 큰 강점으로 활용될 것이다.

# 집중하지 못하는 아이,
# 주의력결핍장애일까?

**행동이 굼뜬
느림보형 아이** ★

매일 아침 유진이네 집은 전쟁터 같다. 늦었다고 엄마가 서두르라고 말해도 유진이는 등교 준비를 뒷전으로 미루고 자신이 보고 싶은 동화책을 보았다가, 어제 만든 만들기도 조몰락거리면서 시간을 지체한다.

엄마는 유진이가 서두르거나 시간을 가늠하고 움직이는 법이 단 한 번도 없다고 말했다. 무엇을 해도 느린 이 아이가 학교에서 지적을 받진 않는지, 친구들에게 뒤처지지는 않는지 걱정이 이만

저만이 아니다. 아무리 잔소리를 해도 고쳐지지 않는 이 느린 행동은 어떻게 바꾸어야 할까?

내향형 아이는 외향형 아이에 비해 느리다. 외향형 아이는 하고자 하는 일이 있으면 일단 행동으로 옮기고 보지만 내향형 아이는 생각부터 하기 때문이다. 외향성을 기준으로 보면 내향형 아이는 생각이 행동으로 나타나기까지 상당히 오래 걸리는 것처럼 느껴진다. 심지어 아직 시간 개념이 잘 형성되어 있지 않은 아이들은 이러한 현상이 더욱 크다.

느린 아이들은 종종 주의력결핍장애(ADD)로 오해받기도 한다. 부주의해서 느리다고 여겨지는 것이다. 그러나 내향성과 ADD는 다르다. ADD 아이가 느린 것은 선택적 주의가 어려워서다. 양말 하나 신는 데도 그 행동을 처음부터 끝까지 수행할 수 없고, 다른 데 주의가 옮겨지는 산만함을 보인다. 똑같이 느리더라도 내향형 아이는 자기가 무엇을 해야 하는지 정확히 파악하고 있다. 행동은 조금 느리지만 목적을 향해 움직이고 있는 것이다.

내향형 아이는 상당히 체계적이고 조직적인 뇌 구조를 가지고 있다. 외향형 아이와 내향형 아이에게 똑같이 하루 동안 할 일을 질문했을 때 대답을 살펴보자. 외향형 아이는 즐거운 순서대로 이야기한다면 내향형 아이는 시간대별로 이야기하는 경향이 강한 것을 볼 수 있다.

이처럼 체계적인 뇌 구조를 가진 내향형 아이는 느리지만 목적이 분명하며, 꼼꼼하고 신중하게 자신이 할 일을 제대로 해나간다. 부모는 내향형 아이가 성장하면 할수록 목적을 가지고 자기주도적으로 일을 해나가는 잠재력이 있음을 믿어야 한다.

## 내향형 아이가 자주 오해받는 정서행동장애 ★

유진이처럼 내향형 아이는 사람들의 선입견 때문에 장애로 오해받는 일이 많다. 특히 처음 아이를 키우는 부모는 우리 아이가 보이는 행동이 정상일까, 이상일까 수없이 고민한다. 모든 아이의 성격이 다르다는 것을 알면서도 남들과 다른 행동을 보이는 아이에게 무슨 문제가 있는 건 아닌지 걱정한다. 심하면 정서행동장애를 의심하기도 한다.

장애와 단순 성격은 어떻게 구분할 수 있을까? 아이를 이상이라고 판단할 수 있는 보편적인 준거는 다음의 두 가지다. 첫째는 발달에 지장을 주고 있는가, 둘째는 기본적인 일상생활에 어려움이 있는가. 그렇지 않다면 아이는 발달 과정에서 다소의 진통을 겪고 있는 것뿐이다.

아이가 보이는 현상을 단순히 성격 문제로 치부하고 방임하는 것도 위험하지만, 반대로 성격에서 나오는 특성을 무조건 문제행동으로 오인하는 것도 아이의 발달과 성장에 치명적인 악영향을 줄 수 있다.

다음 [표1]은 정서행동장애와 내향성의 차이를 설명한다. 부모는 이 둘 사이의 기본적인 차이를 인지하고 적절하게 대응할 필요가 있다.

[표1] 정서행동장애와 내향성의 차이

| 진단명 | 진단의 개요 | 내향성이 오인받는 이유 |
|---|---|---|
| 불안장애 | 다양한 형태의 비정상적·병적인 불안과 공포 때문에 일상생활에 문제를 일으키는 장애. | 내향형 아이의 특성인 회피성과 수줍음, 낯선 환경에 대한 긴장 때문에 불안장애가 아닐까 오인할 수 있다. 그러나 불안장애는 스트레스 상황이 아님에도 불구하고 장기적으로 불안이 심하다. 일상생활을 지속하지 못할 정도의 공포와 두려움에 휩싸인 상태를 유지할 때 불안장애로 진단한다. |
| 분리불안장애 | 강한 애착을 형성한 양육자와 분리될 때 정상활동이 어려울 정도의 불안과 공포를 느끼는 장애. | 낯선 환경에서 내향형 아이들은 분리불안장애로 여겨질 만큼 엄마와의 분리를 두려워할 수 있다. 유치원, 학교 등 익숙한 환경에서도 분리가 안 되고, 애착 대상자에게 나쁜 일이 일어날까 봐 계속 두려워하는 증상이 4주 이상 지속되면 이 장애를 의심해야 한다. |
| ADHD (주의력결핍 과잉행동장애) | 주의가 산만하고 과잉행동이 나타나며, 충동성과 학습장애를 보이는 장애. 주의력에 문제가 있으나 과잉행동은 없는 아이는 ADD로 진단한다. | 주의력결핍 과잉행동장애는 부주의, 충동성, 과잉행동 증상이 보인다. 보통 내향형 아이는 느린 특성 때문에, 외향형 아이는 에너지 과잉으로 인한 행동이나 충동성 때문에 이 장애로 오인받을 수 있다. 연령 기준과 위의 세 가지 준거에 따라 이상이 보이면 의심해봐야 한다. |

| 진단명 | 진단의 개요 | 내향성이 오인받는 이유 |
|---|---|---|
| 우울장애 | 일상생활에서 즐거움이나 활력을 잃고 무기력해지며, 전반적인 사고와 운동 속도가 느려지는 장애. | 내향형 아이 중 자기몰두적인 아이들은 외부로 자기표현을 많이 하지 않고, 자신이 좋아하는 것 외에는 호기심을 가지지 않아 우울증이라고 오인받는 경우가 있다. 그러나 우울증과 달리 내향형 아이는 자기가 좋아하는 놀이를 할 때나 익숙한 장소에서는 에너지가 높고 다른 사람과도 잘 어울린다. |
| 아스퍼거 신드롬 | 사회적 관계 형성이나 상호작용의 어려움으로 타인에 대한 관심이 제한되는 발달장애. 타인을 고려하지 않은 언어 사용과 대화 패턴의 증상이 보인다. | 이 장애를 가진 아이들은 사회적 상호작용이 어렵고, 공감능력이 저하되며, 제한된 주제에 관심이 국한된다. 또한 눈 맞춤이 어렵고, 얼굴 표정이 상당히 제한되어 있다. 사회성이 아직 충분히 발달되지 않은 전형적인 내향형 아이는 이 장애군의 아이들과 다소 유사한 행동을 보일 수 있다. 하지만 내향형 아이의 정서성과 사회성은 익숙한 사람들에게는 제대로 발현되므로 부모가 이를 의심하기는 어렵다. |

대부분의 아이들이 조금씩은 양향성을 가지고 있다. 이 양향성 중 어떤 기질적 성향이 본질에 더 가까운지 선별하는 것이 아이의 성향을 알아가는 과정이다. 아이들은 아직 자신에게 잠재되어 있는 다양한 감정을 느끼고 표현하는 일에 서툴다.

CHAPTER 2

# 말하지 않는
# 아이의 속마음

# 어떨 땐 외향적이다가
# 또 어떨 때는 내향적인 아이

**내향성과
외향성에 관한 오해** ★

　　　　　　　　　우리 아이가 내향적인지, 외향적인지 어떻게 알 수 있을까? 많은 사람이 외향성과 내향성을 쉽게 구분할 수 있다고 생각한다. 다른 사람과 함께 있는 상황에서 사교적이고 적극적이면 외향적, 수줍음을 잘 타고 낯선 사람과 잘 이야기하지 않으며 자신을 잘 드러내지 않으면 내향적이라고 판단하는 것이다. 즉, 사회적 상황에서 어떻게 행동하는가를 기준으로 내향성과 외향성을 구분한다. 그래서 성인 중에는 어렸을 때 내향적이었으나 사회생활을 하다 보니 외향적이 되었다고 말하는 사람도 있다.

그러나 이 구분 기준은 내향성과 외향성을 상당히 오해한 결과다. 심리학자 융(Jung)에 의하면 외향성과 내향성을 구분하는 기준은 '에너지의 방향성'으로 결정된다. 외향성은 에너지가 외부로 흐르는 특성이고, 내향성은 에너지가 내부로 흐르는 특성이다. 그래서 외향적인 사람은 자신의 에너지를 찾기 위해 외부의 자극, 즉 다른 사람이나 사물, 새로운 상황에 강한 호기심을 보인다. 낯선 장소, 새로운 물건, 처음 해보는 경험 등을 마주할 때 동기가 유발되기 때문이다. 외향적인 사람은 자신에게 스트레스가 생기거나 힘든 일에 직면했을 때 주변 사람들을 찾거나 자신의 주의를 전환할 수 있는 새로운 일을 찾는 등 에너지를 외부 세상에서 찾는다. 아무리 아파도 다른 사람을 만나면 괜찮아지는 느낌이 들고, 스트레스가 쌓이면 쇼핑이나 폭식 등으로 자신을 달래려고 하는 것이다.

반대로 내향적인 사람은 자기 내부에서 에너지를 찾는다. 어떤 일이 생기면 자기 내면으로 침잠하여 내면 깊숙한 곳에서부터 에너지가 충전될 수 있도록 성찰한다. 이들은 외향적인 사람들과 달리 어떤 문제가 생겼을 때 혼자 생각하고 자기 내부에서 해답을 찾으려고 노력한다.

## 성향은 한 가지 모습만 띠지 않는다 ★

내향성과 외향성의 특성은 한 사람에게 동시에 분포할 수 있다. 외향적인 특성이 강하다고 해서 내향적인 자질이 전혀 없지도 않고, 그 반대도 마찬가지다. 특히, 우리나라 사람은 문화적 영향으로 내향성과 외향성이 골고루 섞여 있는 경우가 많다. 즉 양향성으로 생각되는 경우가 많다는 의미다. 양향성을 가진 사람은 여러 가지 상황에서 각각 다른 성향을 나타낸다. 예를 들면 일을 추진하거나 일대일로 대화할 때는 외향형인 사람도 낯선 사람을 마주했을 때나 모임에 참여했을 때는 내향형의 기질이 나타날 수 있다.

초등 3학년 민성이 엄마는 이제껏 민성이가 내향적이라고 생각했다. 그동안 민성이가 낯가림이 심하고 또래 모임에 데려가도 쉽게 어울리지 못하는 모습을 봐왔기 때문이다. 그런데 얼마 전 학부모 참관수업에서 엄마는 민성이의 새로운 면을 발견했다. 아이가 조별 과제 수행을 할 때 적극적으로 참여하고 주도하는 모습을 보인 것이다. 엄마는 민성이가 어떨 땐 내향적이다가 또 어떨 때는 외향적이라는 사실을 알고 걱정을 덜었다.

민성이처럼 대부분의 아이들이 조금씩은 양향성을 가지고 있다. 이 양향성 중 어떤 기질적 성향이 본질에 더 가까운지 선별하는 것이 아이의 성향을 알아가는 과정이다. 쉽게 말해, 어떤 성향으로 행동할 때 더 편안하고 자신답다고 느끼는지 아이 스스로 깨닫게 하는 것이다. 아이들은 아직 자신에게 잠재되어 있는 다양한 감정을 느끼고 표현하는 일에 서툴다. 그렇기 때문에 기질적인 성향을 쉽게 관찰할 수 있다.

성격 유형을 파악할 때 내향성, 외향성, 양향성을 명확하게 규정하는 것은 중요한 게 아니다. 아이의 행동 아래 있는 본질적 특성과 욕구가 무엇인지 파악하는 게 더 중요하다. 이때 아이들은 자신이 제대로 이해받았다고 느낀다.

## 우리 아이 기질은 어느 쪽에 가까울까? ★

그렇다면 우리 아이의 기질이 어느 쪽에 가까운지 어떻게 알 수 있을까? 아마 부모는 표준화된 검사

## [표2] 내향형 아이와 외향형 아이의 일반적 특징

| 내향형 아이의 특징 | 외향형 아이의 특징 |
|---|---|
| • 당황하면 얼어버린다.<br>• 아침에 일어나는 것을 상당히 어려워한다.<br>• 아주 좋아하는 음식 외에는 그다지 많이 먹지 않는다.<br>• 자신의 영역을 침범하는 것을 좋아하지 않는다.<br>• 어떤 것이든 바로 행동하는 법 없이 마음속으로 여러 번 상상하고 연습한다.<br>• 새로운 것보다 편안하고 안전한 상태를 지향한다.<br>• 에너지를 많이 쓰면 그만큼 쉬어야 한다.<br>• 느리게 먹고, 느리게 말한다.<br>• 차분하고, 얌전하다.<br>• 새로운 일을 제안하면 일단 "싫어" "안 해"라고 이야기하고 본다.<br>• 말이 없는 편이다.<br>• 오래된 일을 잘 기억한다.<br>• 다른 사람에게 관심받는 것을 질색한다.<br>• 외부 보상보다 자신이 만족하는 일을 즐긴다.<br>• 웬만하면 부모에게 말하지 않고 자기 선에서 해결하려고 애쓴다.<br>• 말할 때 적절한 단어를 생각하느라 머뭇거릴 때가 많다.<br>• 관심 있는 놀이나 이야기를 반복하는 것을 좋아한다.<br>• 외부 자극을 사실보다 훨씬 크게 느낀다.<br>• 생각부터 하고 행동한다. | • 혼자 있는 것을 싫어하고, 사람들과 함께 있길 원한다.<br>• 말할 때 비언어(보디랭귀지)를 상당히 많이 사용한다.<br>• 말하는 것을 좋아하고 목소리도 크다.<br>• 남의 주목이나 관심받는 것을 좋아한다.<br>• 긴장하면서도 경쟁을 즐기는 편이다.<br>• 위험을 감수하면서 모험을 즐긴다.<br>• 어떤 일을 보면 꼭 체험하길 원한다.<br>• 에너지가 항상 높다.<br>• 지루한 것을 못 참는다.<br>• 이야기하는 것을 즐기고, 자기가 겪은 일을 사람들에게 거의 다 이야기하는 편이다.<br>• 새롭고 낯선 것을 즐긴다.<br>• 수다스러운 편이다.<br>• 호기심이 많고 한 가지 일에 관심을 오래 유지하지 못한다.<br>• 어떤 일을 했을 때 보상이나 칭찬을 강력하게 원한다.<br>• 자신의 고통이나 어려움에 대한 엄살이 심하다.<br>• 말과 행동이 빠른 편이다.<br>• 생각과 행동이 거의 동시에 이루어지거나, 행동부터 하고 보는 편이다. |

나 질문지를 보지 않아도 이미 짐작하고 있을 것이다. 외향형과 내향형 특성은 아이가 아주 어릴 때부터 나타나기 때문이다.

실제로 17개월 정도 되는 외향형과 내향형의 아이는 노는 모습이 많이 다르다. 외향형 아이는 처음 간 놀이터에서도 조금 주위를 살피다가 다른 아이들과 자연스럽게 어울린다. 놀 때도 행동과 목소리가 크다. 반면 내향형 아이는 놀이터에 가도 한참 주위를 살피며 부모 옆을 지킨다. 조용히 앉아서 정적으로 노는 것을 더 좋아하고, 다른 아이들이 갑자기 접근하는 것을 경계한다.

이렇듯 이미 어릴 때부터 기질적 특성이 보이므로 부모가 아이의 기질을 찾는 것은 그리 어렵지 않을 수 있다. 하지만 만에 하나라도 부모가 아이의 기질을 잘못 파악하면 문제가 생길 수 있다. 아이에게 적절한 반응을 해주지 못하기 때문이다.

보다 체계적으로 아이의 기질을 구분해보고 싶다면 다음의 체크리스트를 활용해보자. 이는 부모가 아이를 관찰해서 검사하는 방법인데, 내향성을 연구한 여러 학자들이 자주 사용한다. 각각의 문항 내용을 보면 내향성과 외향성의 특성을 구분하는 기준을 파악할 수 있을 것이다.

이 체크리스트를 통해 아이의 성향에 대해 다시금 생각하고 점검하는 기회를 얻길 바란다. 아이의 성격검사를 하는 부모에게

당부하고 싶은 것이 있다. 내 아이가 어떤 성향인지 아는 것은 중요하지만, 그 파악된 성향으로 아이를 규정하지 않아야 한다. 성격을 규정하는 것은 변화하는 아이의 발전을 막고 제한선을 정해버리는 것과 같다. '성격이니 할 수 없지!'라는 관점이 아니라 '이런 성향을 가장 잘 사용할 수 있게 하려면 어떻게 할까?'의 관점으로 아이들을 대해야 한다. 그 성향의 가장 건강한 측면을 발휘할 수 있도록 하는 것이 성격을 진단하는 이유다.

**다음 내용을 읽고 각 문항의 내용이 사실이면 ○, 사실이 아니면 ×를 표시한 다음, ○에 해당하는 문항수를 합한다**(부모용).

1  자기 방이나 좋아하는 장소에서 혼자 있는 것을 좋아한다.    ( )

2  흥미를 끄는 책이나 프로젝트에 깊이 몰입한다.    ( )

3  말을 하거나 어떤 일을 하는 도중에 남이 끼어드는 것을 싫어하고,
   다른 사람에게도 그렇게 하지 않는다.    ( )

4  게임에 참가하기 전에 먼저 유심히 관찰한다.    ( )

5  사람이 많은 곳에 가거나 다른 사람과 오랫동안 공간을 함께
   사용해야 할 경우 짜증을 낸다.    ( )

6  남의 말을 들을 때는 상대방 눈을 똑바로 바라보지만,
   자신이 말을 할 때는 시선을 이리저리 옮긴다.    ( )

7  지치거나 많은 아이와 함께 있을 경우 얼굴과 몸을 움직이지 않으면서
   거의 무표정한 상태다.    ( )

8  질문을 하면 대답을 망설이거나 늦게 하며, 목소리에 기운이 없는 경우가
   종종 있다.    ( )

9  질문에 대답하기 전 생각할 시간이 필요하고, 말하기 전에
   연습을 하기도 한다.    ( )

10  자기가 관심 있는 분야가 아니면 주로 듣는 편이다. 편안한 분위기에서
    자기 관심사에 대해 이야기할 때는 적극적이다.    ( )

11  자기 지식이나 성과에 대해 자랑하지 않는다.    ( )

12  야외 활동이 많으면 부담을 느낀다.    ( )

13  적절한 단어를 생각해내지 못해 힘들어하는 경우가 있고,
    조용한 목소리로 또박또박 말한다.    ( )

14 자기 생각과 감정에만 주로 빠져 있다. ( )

15 사람들로부터 관심의 대상이 되는 것을 좋아하지 않는다. ( )

16 익숙한 곳에서는 재잘대다가 낯선 곳에서는 말이 없어지고,
하루는 활달하다가 다음날에는 기운이 빠져 있는 등 종잡을 수가 없다. ( )

17 반 친구들이나 그리 친하지 않은 주변 사람들에게 조용하고
침착하게 굴며 수줍음 많고 무관심한 아이로 비친다. ( )

18 관찰력이 뛰어나 다른 사람들, 특히 어른들도 보지 못하는
세세한 것까지 파악한다. ( )

19 무엇이든 지속적으로 하는 것을 좋아해서 충분한 시간이 주어질 때
최고의 결과를 보여준다. ( )

20 프로젝트나 시험 등에 마감 시한을 두면 초조해하면서 걱정을 많이 하고
불안해한다. ( )

21 너무 많은 일이 진행되거나, 텔레비전 혹은 비디오를 볼 경우에
멍한 표정을 짓는다. ( )

22 아는 아이는 많지만 친한 아이는 한두 명에 불과하다. ( )

23 남들이 생각해내지 못하는 독창적인 표현을 잘하고, 조용하게
상상할 수 있는 놀이를 즐긴다. ( )

24 파티나 단체 활동 등 많은 사람이 함께하는 모임에 참석해
즐겁게 지냈더라도 쉽게 지쳐버린다. ( )

---

○ 가 17~24개　내향적인 아이
○ 가 9~16개　양향적인 아이
○ 가 1~8개　외향적인 아이

---

- 본 체크리스트는 표준화된 것은 아니므로 이 결과는 아이의 성향을 참조하는 정도가 타당하다.

*출처: 마티 올슨 레이니(2005), 《내 아이에게 숨겨져 있는 재능》, 중앙북스, pp.42~44

# 아이를 이해하기 위한
# 첫 번째 열쇠

한 사람의
생각·감정·행동을 비추는 것 ★

아이에게 특정한 성격을 규정짓는 게 위험한 일인데도, 부모는 아이들의 성격을 알고 싶어 한다. 왜일까? 성격은 타인을 이해할 수 있는 가장 중요한 기본 정보이기 때문이다. 특히, 자녀를 양육하는 부모 입장에서 자녀의 행동과 반응을 예상할 수 있는 본질적인 부분이 있다면 미리 알아보고 싶은 마음이 클 것이다. 더 나아가 어떤 환경이든 성공적으로 적응할 수 있는 건강한 성격을 형성시킬 수 있는 방법이 있다면 아마 적극적으로 실천해보겠다는 욕구도 강할 것이다.

그렇다면 성격이란 무엇일까? 일반적으로 성격의 정의는 '개인의 고유한 감정, 의지, 행동의 경향성'을 말한다. 학교에서의 상황을 예로 들어보자. 선생님은 자습시간에 떠들었다며 학급 전체 아이들에게 일주일 동안 대청소를 하는 벌을 줬다. 어떤 아이는 "왜 몇몇 아이들 때문에 자신까지 벌을 받아야 하는지 이해할 수 없다"며 분노를 표출하고, 또 어떤 아이는 화를 내는 선생님과 아이들이 무서워 불안해한다. 다른 아이는 별생각 없이 자신에게 요구되는 일을 묵묵히 수행하기도 하고, 또 다른 아이는 특별하게 생긴 이 일이 재미있다며 깔깔대기도 한다. 이렇게 같은 상황에서도 저마다 반응하는 생각과 감정, 행동이 다르다. 이것이 성격이다.

성격과 함께 쓰여 많이 헷갈리는 용어 중에 기질이라는 말이 있다. 기질이란 '성격의 타고난 특성 및 측면'을 말한다. 우리가 흔히 일상에서 말하는 '성격'은 타고난 특성 즉 '기질'과 환경에서 형성된 여러 '습성과 패턴'이 종합된 한 사람의 고유한 특성을 뜻한다. 이 책에서 내향성이라는 용어에 포함된 '성향' 역시 기질과 같은 의미로 볼 수 있다.

한 사람의 성격을 제대로 이해하기란 쉽지 않다. 전체 성격을

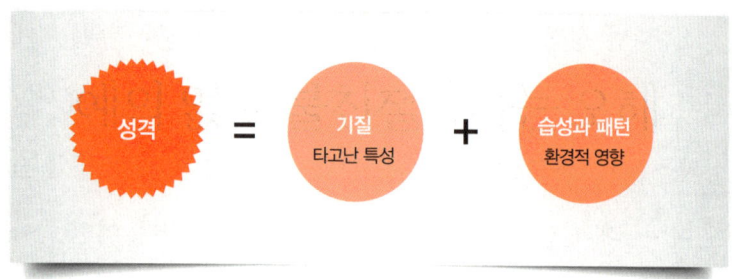

[그림1] 성격이란?

좌우하는 것이 기질적으로 타고난 부분인지, 환경적 영향이 강한지 의견이 분분하다. 또, 성격 형성에 환경적 영향이 크다면 아이에게 어떤 환경을 조성해줘야 하는지, 현재 아이에게 보이는 성격적 요소에서 부모가 그냥 받아들일 부분은 무엇이고 바꿔야 하는 부분은 무엇인지 등 의문점이 끝없이 이어진다. 부모는 생활하면서 마주하는 아이의 반응 하나하나에서 아이의 성격을 파악하고 고민하게 된다.

### 우리 아이는 원래부터 그런 아이다 ★

성격은 타고난 것일까, 양육으로 형성

된 것일까? 아이를 한 번이라도 키워본 사람이라면 이 질문에 자신 있게 대답하기가 어려울 것이다. 누워 있을 때 발가락을 까딱거리는 습관까지 아빠와 똑같은 아이를 보면 유전적 영향이 거의 절대적이라고 생각하게 된다. 그러다 부모가 전혀 이해할 수 없을 정도로 완전히 다른 행동을 하는 아이를 볼 때는 '성격은 왜 나를 닮지 않았지? 성격은 유전되는 것이 아니구나' 하는 생각이 들기도 한다. 이렇듯 성격은 타고나는 듯도, 환경에 의해 형성되는 듯도 하다.

과거 20세기 심리학자들 사이에서는 성격이 자라난 환경의 영향을 받아 형성된다는 의견이 지배적이었다. 그러나 최근에는 여러 각도의 실험을 통해 유전적인 성향이 성격 형성에 상당 부분 영향을 준다는 주장이 설득력을 얻고 있다. 미네소타 대학의 토마스 슈나드 박사는 40년 넘게 떨어져 자란 일란성쌍둥이를 연구했는데, 이들은 서로 다른 양육 환경에서 성장했음에도 거의 같은 성격 특성을 보였다. 성격 형성에 유전적 성향이 더 큰 영향을 미칠 수도 있다는 증거다. 성격의 한 부분인 외향성과 내향성의 특성 역시 생물학적 요인이 상당히 작용하는 인간의 기질로 설명된다.

문제는 부모 대부분이 아이가 외향적인 성격을 가지기를 원한다는 점이다. 조용히 생각하는 사람보다 나서서 거침없이 의견을 쏟아내는 사람이 더 낫다고 생각하기 때문이다. 그래서 부모들은 아이가 내향성을 보이면 남들보다 뒤처질까 걱정하고 이런 성격을 바꿔야 한다고 생각한다.

그런데 앞서 이야기했듯 외향성과 내향성은 유전적으로 결정된다는 것이 현재 학자들의 결론이다. 아무리 노력해도 바꿀 수 없다는 말이다. 오히려 부모가 억지로 성격을 바꾸려고 하면 아이는 불편함을 느끼고 더욱 움츠러들 수 있다.

## 세상에 대한
## 첫인상 ★

부모가 명심해야 할 점은 유전적 기질로 규정된 성격에 좋고 나쁜 것은 없다는 사실이다. 다만 그 특성이 다른 것일 뿐이다. 보다 중요한 것은 이러한 특성을 어떤 눈으로 바라보고 어떻게 반응해주느냐다. 엄마의 반응에 따라 후천적으로 결정되는 환경적 성격, 다시 말해 자신이 갖고 있는 기질의 건강성이 결정된다.

기질의 건강성이란 아이가 세상과 사람에게 느끼는 신뢰감, 안정성, 그리고 그로 인해 형성되는 자신에 대한 긍정적 인식 등을 말한다. 세상을 어떻게 보는가에 따라 내가 그 안에서 어떻게 살아가야 할지, 어떤 기대를 가지고 살 수 있는지가 결정된다.

다시 말해 아이의 성격 형성에서 중요한 점은 외향적이냐 내향적이냐가 아니라, 얼마나 건강하게 자신이 타고난 기질을 발휘하고 살 수 있는가다. 내향성이 외향적으로 변화해야 하거나, 역으로 외향적인 사람들이 사회 적응의 문제 때문에 내향적으로 바뀌어야 한다면 기질의 건강성이 낮아진다.

일반적으로 기질의 건강성은 세상에 태어나서 아이가 세상을 어떻게 인식하는가에 달려 있다. 즉 세상을 신뢰할 수 있는지, 자신을 안전하게 보호해줄 수 있는지, 내가 어떤 행동을 하면 그에 따라 엄마의 반응이 달라지는지, 세상과 사람들은 날 어떻게 보고 있는지 등의 생각이 스스로의 기질을 얼마나 건강하게 펼칠 수 있는지 결정한다.

일반적으로 세상을 보는 관점과 스스로에 대한 관점은 아주 어렸을 때 형성된다. 보통 사람들은 만 4~5세에 있었던 일을 생애 첫 기억으로 회상한다. 그 이전의 기억이 있다 하더라도 그 기억은 다른 사람으로부터 전해 들어 각색된 기억일 가능성이 크다.

본디 어렸을 때 기억이란 실제적 기억보다는 자신이 가지는 정서적 기억이다. 즉 사실에 의거할 수도, 그렇지 않을 수도 있지만 자신의 마음과 느낌으로 각색하고 변용하여 가지고 있는 자기만의 스토리인 것이다. 그 안에는 자신이 어렸을 때 본 세상과 사람들, 그리고 자기 자신에 대한 첫 관점이 숨어 있다. 아이러니하게도 이 첫 관점은 많은 세월과 경험 속에서도 변화되지 않고 자기 성격화되는 경향이 많다. 다시 말해 한 사람의 성향은, 가지고 태어난 본질적 성향에 유아기 때 갖게 되는 세상에 대한 이미지가 더해져 형성된다.

이는 결국 생애 처음 몇 년 동안의 경험이 타고난 기질만큼이나 아이가 세상에 반응하는 방식을 결정한다는 의미다. 즉 기질을 그대로 인정받은 아이는 그 기질적 성향의 강점을 발휘하며 세상을 살아간다. 반면 어릴 적에 자기 기질을 왜곡당한 아이는 세상의 방식에 스스로를 끊임없이 맞추려고 한다. 있는 그대로의 기질을 발휘하지 못하면 궁극적으로 성격의 건강성이 낮아진다는 사실을 명심하자.

# 우리 아이는
# 어떻게 내성적이 되었을까?

**엄마의 반응이
아이의 성격을 결정한다** ★

성격의 건강성을 결정짓는 세상에 대한 첫 이미지는 아이의 행동에 대한 부모의 반응에 의해 만들어진다. 축축한 기저귀를 갈아달라고 울음으로 호소하면 바로 톡톡하고 부드러운 기저귀로 교환해 자신을 기분 좋게 만들어주는지, 자신이 울 때 진심으로 자신을 편안하게 해주려고 노력하는지, 자신의 표정이 상대방에게 어떤 느낌을 갖게 하는지 등의 경험이 아이가 세상을 신뢰할 수 있게 만드는 첫 관문이다.

부모가 아이에게 관심을 가지고 아이의 요구를 바로 받아들이며 사랑과 애정이 듬뿍 담긴 시선을 준다면, 그 아이에게 세상은 안전하고 따뜻하며 온기가 있는 살 만한 곳이 된다. 만약 반대로 이러한 신뢰의 관문에서 어두움과 차가움, 불안을 느낀다면 아이는 세상을 불안전하고 두려운 곳으로 인식할 것이다.

아이는 이 첫 이미지로 세상에서 자신이 어떻게 살 것인지 결정하게 된다. 영국의 정신분석가이자 정신과 의사인 존 볼비 박사는 생후 12개월 아이들을 대상으로 애착 실험을 했다. 볼비 박사의 실험에서 양육자와 안전한 애착관계를 맺은 아이는 엄마와 함께 있는 것을 즐기고 집중한다. 엄마와 분리되었다 다시 만날 때도 반갑게 엄마를 맞이하는 태도를 보인다. 반면 불안정 애착을 맺은 아이들은 엄마에게 상당히 무관심하거나 혹은 엄마가 어디 갈까 불안해서 놀이에 집중하지 못하는 모습을 보인다. 아이가 세상을 보고 접하는 태도가 최소한 12개월 이내에 이미 형성되어 있다는 말이다.

다시 말해 세상에 대한 첫 이미지는 방긋방긋 웃고 신기한 것을 자연스럽게 탐색하는 아기로 클 것인지, 아니면 아무도 믿지 못해 마음의 문을 닫고 세상 일에 별다른 관심과 흥미가 없는 아기로 클 것인지를 결정한다. 이러한 생애 초기 아기의 반응은 연쇄 고리처럼 아이의 성장 과정에 지속적인 영향을 준다.

부모와 신뢰가 형성된 아이는 자발적인 의지를 가지고 기쁘게 세상을 탐험하겠지만, 신뢰가 없는 아이는 세상을 피하거나 공격하면서 자기의 행동을 발전시켜 나갈 것이다. 자연스럽게 전자의 아기에게는 지지와 격려, 칭찬과 인정이 따를 가능성이 높다. 반면 후자의 아기는 규제와 금지, 양육자의 분노 등의 반응을 유발할 것이다. 엄마가 과도하게 화를 내고 자신을 거부한다면, 아이는 그 순간 "엄마 말을 듣지 않으면 난 사랑받을 수가 없어. 엄마 마음에 들지 않으면 언제든 버림받을 수 있어"라고 생각할 수 있다. 그러면서 과격하게 반응하고 작은 일에도 분노하는 아이가 될 수도 있고, 무기력하고 위축되어 눈치 보는 아이로 자랄 수도 있다.

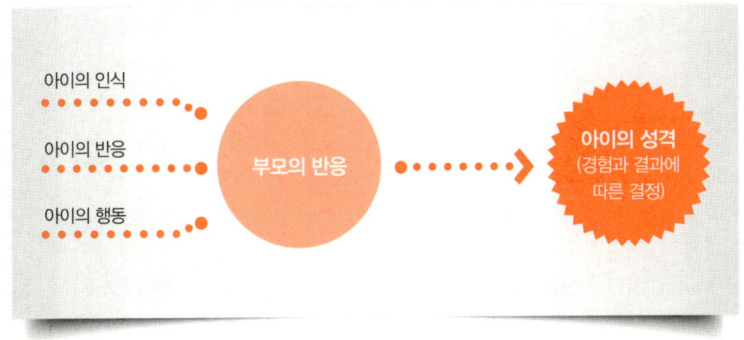

[그림2] **성격의 형성 과정**

## 모든 아이는
## 다 옳다 ★

이렇듯 아이들의 성격 형성 과정에 환경이 미치는 영향은 거의 모든 부분 '아이가 세상을 어떻게 경험하게 했는가' 하는 것으로 귀결된다. 물론 아이들은 자라면서 끊임없이 다르게 느껴지는 세상을 경험하고 그 안에서 자신을 변화시킬 수 있는 기회를 갖게 된다. 하지만 자기 내부에 변화를 받아들이는 힘이 큰 아이와 그렇지 않은 아이는 성장하면 할수록 큰 차이를 드러내게 될 것이다.

사실 기질은 노력하지 않아도 자기 안에서 생성되는 사고, 정서, 감정의 특성이다. 즉 이미 세팅되어 있는 프로그램 같은 것이다. 그런데 이 기질의 프로그램이 계속 지적을 받거나 바꾸어야 한다는 말을 들으면 운영의 방향을 잃어버리게 된다. 결국 온통 개선해야 할 점, 바꾸어야 할 점에 주목해 세팅되어 있던 자기 프로그램을 망각하게 된다.

건강한 상태로 사용하면 매우 강력한 강점이 될 수 있는 특성도 건강하지 못하게 사용하면 최대 약점이 될 수 있다. 예를 들어 일을 많이 벌이고 새로운 것에 대한 호기심이 강한 외향형 아이의 특성을 열정과 탐구력으로 인정해주면 더 큰 학습동기가 된다. 하지만 산만하다고 평가하면 아이들은 자신감이 떨어진다. 그러면 아이는 더욱 산만해지고 한 가지 일도 제대로 마무리할 수 없게 된다. 자신이 가진 호기심을 생산적인 일에 지속적으로 사용할 수 없게 되는 것이다.

내향형 혹은 외향형 아이들의 기질에 이미 세팅되어 있는 프로그램을 고쳐야 할 점으로 인식하게 만드는 것은 기질을 기질대로 인정하지 않는 부모의 태도에서부터 비롯된다는 점을 명심하자.

[표3] 기질이 건강하게 발전했을 때와 아닐 때의 특징

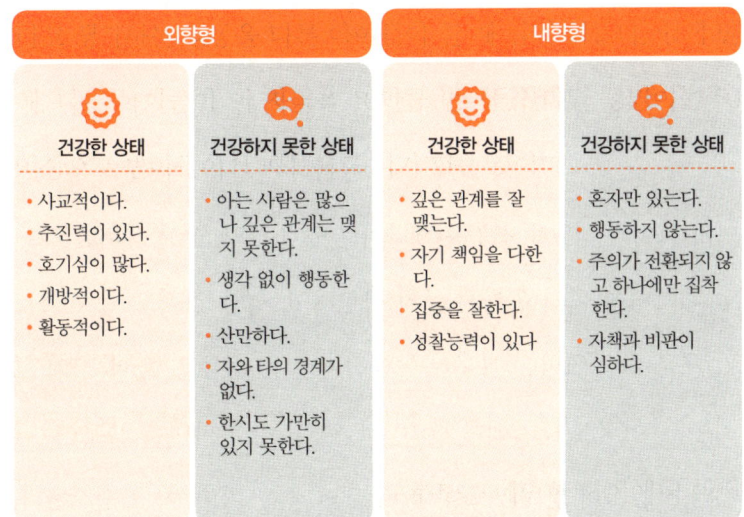

# 주변 환경이 내성적인 아이에게 미치는 영향

**말하지 않는
아이의 마음 이해하기** ★

아이의 성향을 파악했더라도 엄마가 아이의 행동을 전부 이해하기란 쉽지 않다. 앞서 살펴본 것처럼 내향형 아이의 유형은 무척 다양하고, 행동 양식도 각각 다르기 때문이다. 엄마는 아이가 이해하기 힘든 행동을 할 때면 왜 그러는지, 어떻게 대처해야 할지 막막하다. 이럴 때마다 부모는 '아이의 마음속에 한 번만 들어갔다 오면 좋을 텐데' 하고 생각한다. 아이의 속마음은 대체 어떤 걸까?

만약 부모가 내향형 아이의 관점으로 세상을 본다면 지금보다 아이를 훨씬 더 깊이 이해할 수 있을 것이다. 내향형 아이는 적극적으로 자기주장을 하지 않지만, 모든 것을 관찰하고 사고하며 나름의 예측을 하고 있다. 따라서 자신이 세상을 이해하는 데 비해 세상은 자신을 이해하지 못한다고 느낀다.

특히 아이가 어릴 때는 자신이 이해받지 못하고 있다는 느낌을 더욱 강하게 받기 때문에 방어적인 모습이 두드러진다. 그러나 다양한 경험을 쌓고 대처 능력이 높아지면 아이의 모습도 상당히 달라진다. 같은 내향형 아이라도 영·유아기와 아동·청소년기의 행동 유형이 다른 것이다.

그래서 부모에게는 내향형 아이가 발달 단계별로 세상을 어떻게 느끼는지 이해해보는 과정이 필요하다. 아이가 어떤 마음을 가지고 있는지 먼저 이해한다면 아직 어린아이에게 능숙한 적응을 요구하는 잘못을 피할 수 있다. 또한 현재 아이의 부정적 특성이 성장하면서 사라지지 않을까 봐 걱정하는 일도 없을 것이다. 다음에 나오는 사례들은 내향형 아이가 느낄 수 있는 주관적 관점을 내향성의 특성에 의거해서 재구성한 것이다. 아이의 관점으로 세상을 보는 일은 아이를 깊이 이해하는 데 큰 도움이 될 것이다.

### 조심스러운 탐색
: 내향형 영아가 보는 세상 ★

나는 세상이 참 무섭다. 시끄러운 소리가 들리면 난 상당히 날카로워진다. 편안하고 평화로운 상태를 누군가 침범하는 것이 불쾌하고 불안하다. 그럴수록 안심할 수 있는 엄마의 품에서 떨어지기가 싫다. 그러나 엄마는 새로운 무언가를 해보라고 나한테 계속 강요한다.

매일 낯선 사람들을 집에 불러들이고, 내 또래 친구들과 놀라고 하지만, 난 그들과 바로 어울릴 수 없다. 그들이 무슨 생각을 하는지, 어떤 놀이를 좋아하는지 알 수 없는데 어떻게 그들과 함께할 수 있을까? 더군다나 막무가내로 나에게 달려드는 아이들은 너무 무섭고 불편하다. 그런 아이들은 만나고 싶지 않다. 낯선 것은 나를 혼란스럽게 만드는데 엄마는 그것도 모르고 매일 눈만 뜨면 새로운 곳에 나를 데리고 다닌다.

난 낯선 환경이 싫다. 조용하고 익숙하고 안정적인 곳이 좋다. 그래서 울면서까지 싫다고 말하는데 엄마는 그것을 이해하기가 힘든 것 같다.

내향적인 영아(0~3세)는 지나치게 조심스럽고 예민하다. 호기심이 누구보다 뛰어난 아이지만 낯선 곳에서는 조심스럽기 때문에 함부로 두리번거리지 않는다. 만약 누군가가 새로운 경험을 해보라고 지속적으로 종용한다면 아이는 두려움에 휩싸인다. 예민한 까닭에 조그만 자극에도 급작스럽게 놀라므로 겁이 많아 보일 수 있다. 멀리서 들려오는 세탁소 아저씨의 소리에 기겁을 하기도 하고, 인형 얼굴을 쳐다보며 울어버리기도 한다.

내향형 영아에게 가장 필요한 것은 안정적이고 익숙하며 편안한 환경이다. 조심스럽기 때문에 말 한마디, 발걸음 하나도 신중한 태도로 임한다. 궁금하다고 무조건 만져보는 일은 거의 없으며, 위험한 곳에서 뛰어내리는 일 역시 보기 힘들다. 그렇다고 노는 것 자체를 거부하거나 얌전하기만 한 것은 아니다. 익숙하고 안전한 곳에서는 탐색과 활동을 외향형 아이만큼 즐긴다.

### 내향형 영아의 특성
- 감각적으로 예민하다.
- 사물이나 사람을 탐색할 때 충분히 관찰한 후 다가간다.
- 안전한 사람에게 붙어 있고, 외부 자극에 소극적 태도를 보인다.
- 고집이 센 편이다.

## 너무 많은 자극의 홍수
## : 내향형 유아가 보는 세상 ★

　　　　　　　　　어느 날 엄마는 나를 친구들이 많이 있는 어린이집에 데리고 갔다. 나는 엄마와 떨어지기 싫고 낯선 곳이 너무 무서웠지만, 가지 않는다고 하면 엄마가 화낼 것이 분명했기 때문에 어린이집에 들어섰다. 그러나 안경 쓴 원장선생님, 느닷없이 커다란 목소리로 날 안을 것처럼 다가오는 선생님이 있는 이곳은 나에게 너무 버겁다. 다른 아이들은 날 동물원 원숭이 보듯 하고, 내가 물건이라도 하나 잡으려고 하면 먼저 낚아채 가기 일쑤다. 말없이 보고 있자니 속상하고 억울한데 아무도 도와주는 사람이 없다.

　내일 또 여기에 와야 한다니 정말 끔찍하다. 선생님은 쉴 새 없이 질문하며 충분히 생각한 후 대답하라고 하지만, 정작 생각할 시간을 주지 않는다. 관심 없는 여러 가지 일들을 시간마다 바꿔가며 하는 것도 이해가 되지 않는다. 잘하지 못하는 일을 다른 사람 앞에서 하는 것이 다른 아이들은 괜찮은 걸까? 내가 왜 이렇게 재미없고 위험한 곳에 있어야 할까?

　오늘도 낯선 선생님이 와서 그림을 그리며 질문했다. 난 꾹 참고 선생님이 시키는 대로 하긴 했지만 그 상황이 너무 떨리고 힘들어서

눈물을 참을 수가 없었다. 선생님은 날 전혀 이해하지 못하는 것 같다. 선생님이 하는 질문에 깊게 생각하고 있는데도 선생님은 왜 대답이 없냐며 나를 다그쳤다. 왜 그렇게 빨리빨리 대답을 해야 하지? 난 어떻게 하면 좋을지 생각하고 있었는데 아무것도 하지 않는다고 할 때가 가장 억울하다. 이런 나를 이해하지 못하는 선생님이 무척 야속하다.

내가 힘들다는 사실을 엄마는 알고 있을까? 난 그저 집에서 내가 좋아하는 레고로 자동차와 비행기나 실컷 만들었으면 좋겠다. 어린이집은 따분하고 위험하며, 나에게 걱정거리만 주는 곳이다. 그런데 엄마는 어린이집도 모자라 태권도와 피아노 학원까지 다니라고 한다. 엄마는 날 왜 가만두지 않는 것일까? 난 집에서 친한 친구들과 놀고 싶은데 말이다.

세상을 탐색하고 자신을 조절하는 법을 배우는 유아기(4~7세)에 아이는 유치원이나 어린이집에 나가며 사회 활동을 시작한다. 내향형 아이에게 이 일은 상당히 어렵다. 조심하고 또 조심하면서 외부 환경을 하나씩 접하는 아이는 새롭고 익숙하지 않는 장소와 낯선 사람들에게 제압당할 수 있다. 특히 아이가 예측하지 못하는 공격적인 친구들이나, 큰소리로 혼내는 어른들은 내향적 유아를 움츠리게 하는 핵심 요인이다.

내향형 아이는 선생님이 말하는 규칙을 잘 지켜야 한다고 생각한다. 선생님이 친구들과 사이좋게 지내라고 이야기하면 아이는 다른 아이들의 요구를 거절하기도 힘들고 부당한 대우에도 잘 대처하지 못하게 된다.

이때 내향형 유아는 분리불안이나 불안장애 같은 어려움을 많이 겪는다. 심하게 불안에 휘말리는 아이도 있고 잠깐 불안을 느끼고 지나가는 아이도 있다. 불안이 심해지면 아이의 예민성과 짜증이 더 심해지고 외부의 자극에 더욱 폐쇄적인 태도를 가진다. 양육자가 어떻게 대응해주느냐에 따라 아이의 불안 정도가 달라진다.

이 시기 내향형 아이의 부모는 아이에게 너무 많은 일방적 자극을 삼가는 것이 좋다. 예를 들어 아이가 원하지 않는데 여러 종류의 학원에 다니게 하는 일은 아이에게 불안감을 준다. 항상 아이가 자신의 행동반경을 예측할 수 있도록 도와줘야 한다.

생각이 많은 내향형 아이는 걱정이 많을 수밖에 없다. 그래서 아이는 자신의 걱정과 불안을 함께 나눌 수 있는 부모가 자기 옆에 있어주길 바란다. 일대일로 긴밀하게 대화할 수 있는 지지대로서 부모가 자신에게 완전히 집중해주길 원하는 것이다. 만약 부모가 그렇게 하지 않을 경우 내향형 아이들은 마음의 문을 닫거나 우울해지는 등 여러 심리적 어려움을 가질 수 있다.

### 내향형 유아의 특성

- 사소한 걱정이 많다.
- 낯선 곳에 대한 불안과 거부반응이 크다.
- 자신의 관심사 외에는 호기심을 보이지 않는다.
- 많은 아이들보다 한두 명의 익숙한 친구와 노는 것을 좋아한다.
- 친구와 놀 때는 상당히 협력적이고, 친구의 요구를 잘 따르는 편이다.
- 자신의 모습이 완벽하지 않으면 외부에 보여지는 것을 싫어한다.
- 질문에 대답을 하려면 스스로 점검을 오래 하는 편이라 시간이 많이 걸린다.

# 내성적인 아이가
# 새로운 규칙을 만났을 때

**좋고 싫음의 구분**
**: 내향형 아동이 보는 세상** ★

학교는 유치원과는 또 다른 세상이다. 훨씬 많은 친구와 무서운 선생님이 있는 곳이다. 학교에는 지켜야 할 규율이 많고, 만약 그것을 지키지 않으면 바로 혼날 수 있기 때문에 늘 조심해야 한다. 그래도 난 학교가 좋다. 왜냐하면 유치원부터 함께 다녔던 친구들이 몇 명 있고, 규칙대로만 하면 큰일이 일어나지 않기 때문이다.

공부는 어렵지만, 가끔 재미있기도 하다. 간혹 친구들이 내가 아는 수학 문제를 모른다고 하면 난 자세히 설명해준다. 아마도 내가 아는 것을 그 아이들은 잘 알지 못하는 것 같다. 그럴 때 난 자부심을 느낀다.

내가 제일 싫어하는 아이들은 규칙을 지키지 않는 아이들, 시끄럽게 하는 아이들, 자기 마음대로 행동하는 아이들이다. 그런 아이들과 한 반이 되거나 모둠 활동을 함께하는 것은 정말 끔찍한 일이다. 그 아이들은 자기주장대로만 하고, 한번 정한 규칙도 자기 마음대로 바꾼다. 난 그런 아이들을 이해할 수 없다. 그러다 싸움에 휘말렸을 땐 나도 절대 참지 않는다. 그렇지만 선생님은 나의 생각을 물어보지 않고 자꾸 왜 싸웠는지, 누가 때렸는지에 대해서만 관심을 가진다. 난 그 또한 이해할 수 없다. 규율을 지키지 않은 것이 더 중요한 일 아닐까?

3학년 때 우리 담임선생님은 최악이었다. 한 사람이 잘못해도 모두를 혼내고 소리를 질렀다. 내가 잘못한 일도 아닌데 혼이 나는 게 너무 부당하게 느껴졌다. 이 혼란스러운 교실에 있는 것은 정말 힘든 일이다. 엄마는 내가 선생님을 너무 나쁘게 말한다고 하지만, 당해보지 않은 사람은 모르는 법이다. 난 있는 그대로의 사실을 말하는데 사람들은 왜 자꾸 내가 부정적으로 말한다고 할까?

선생님은 내가 수업 시간에 낙서를 하거나 딴생각을 한다고 늘 혼낸다. 난 선생님의 말을 잘 듣고 있었고 수업에 집중하고 있었는데, 단지 낙서를 했다는 이유만으로 수업을 듣지 않았다고 하다니 너무 화가 났다. 그래서 어느 순간부터는 수업에 전혀 참여하지 않았다. 잘해도, 잘하지 못해도 똑같이 혼나는데 재미없는 수업에 참여해야 할 이유가 없다.

차분히 앉아 충분히 생각하는 일을 잘하고 익숙한 것에 적응을 잘하는 내향형 아동(8~13세)에게 학교는 그다지 어려운 곳이 아니다. 단지 처음 적응할 때 긴장하는 경향이 많으므로 초등 1학년 시기를 잘 보낼 수 있도록 도와줘야 한다.

자신이 싫어하거나 관심이 전혀 없는 일에 일률적으로 따라야 하는 상황이 힘든 아이가 간혹 있다. 이때 아이에게 해야 할 일을 강요하거나 부정적인 피드백을 하면 아이는 좌절감에 빠져 학교 생활에 부담을 느끼게 된다.

실제로 초등 1학년 때 이 과정이 순탄하지 않았던 내향형 아이는 아침마다 "학교 가기 싫다"는 말을 입에 달고 산다. 이는 현재 학교에서 자신에게 요구되는 일들이 엄청난 스트레스를 주고 있다는 이야기다. 자기 속도에 전혀 맞지 않는 일을 억지로 하는 것이 너무나 힘들다는 아이의 호소이므로 부모가 잘 듣고 유념해야 한다.

학교에서 아이를 어떻게 평가하든, 부모는 아이가 적응에 어려움을 겪는 과정을 이해하고 기다려줘야 한다. 아이가 할 수 있는 일부터 차근차근 도와주면 아이는 점차 학교에 적응하게 될 것이다. 내향형 아이는 학교생활에 적응하기까지 힘들 수 있지만 적응 이후에는 특별한 어려움 없이 규칙적인 생활을 즐길 수 있다.

아이의 수준에 비해 학습량이 너무 많다거나, 아이가 스스로 해결할 수 없을 정도로 어려운 학습 내용은 좌절감을 주기도 한다. 내향형 아이는 모르는 것, 익숙하지 않은 것을 피하는 경향이 크기 때문이다. 그래서 내향형 아이들은 학습을 시작할 때 과도한 선행학습을 지양해야 한다.

유아기부터 사회화 능력을 조금씩 형성해왔다면 친구관계를 형성하는 데에 그다지 어려움을 느끼지 않는다. 하지만 학교에서 하는 모든 행사에 다 참여하라고 하거나 낯선 동아리 활동을 강요받으면 아이는 '싫어' '안 해'라는 말을 습관적으로 하게 되고 무기력해진다는 점을 잊지 말자.

> **내향형 아동의 특성**
> - 많은 부담이 생기거나 어려우면 좌절하기 쉽다.
> - 모르는 것, 익숙하지 않은 것에 대해 지나친 걱정을 하다가 포기해버린다.
> - 단기기억능력이나 암기에는 약하지만 깊이 생각하는 능력이 뛰어나므로 개념이나 원리를 파악하는 데 탁월하다.
> - 자신이 아는 것에 대해 설명할 때 자신감을 가진다.
> - 좋은 경청자이지만, 관심이 없을 때는 전혀 참여하지 않는다.

## 명확한 자기 기준 확립
: 내향형 청소년이 보는 세상 ★

사람들은 나에게 높은 기준을 갖고 있다고 한다. 사실 난 어떤 부분에 재능이 있다고 생각해본 적이 없다. 그래서 내가 무엇이든 잘할 수 있다고 믿을 수가 없다. 나의 수준 정도는 누구나 하는 것이라 생각되기 때문이다. 어른들이 커서 무엇이 되고 싶은지 물어보면 아무런 생각이 떠오르지 않아 미래가 걱정되기도 한다. 이런 내가 좀 한심한 느낌이 들 때도 있지만 아직은 아무런 계획을 세우고 싶지 않다. 그런 생각을 할 때면 엄청난 스트레스가 밀려오기 때문이다.

특히 나는 중학교에 들어와서 갑자기 확 늘어난 교과목을 모두 섭렵해야 하는 이유를 모르겠다. 시험을 봐야 하므로 공부하긴 해야겠지만, 중요하지 않은 과목까지 다 배워야 할 이유는 없다고 본다. 그래서 난 하고 싶은 과목만 열심히 하는 편이다. 싫은 것을 참아가면서까지 해야 하는 이유는 무엇일까?

중학교에 들어오고 나서 나에게 스트레스를 주는 것 또 하나는 우리 부모님이다. 학교에서 돌아오면 난 좀 쉬고 싶은데 "말이 없다" "네 방문을 닫지 마라" 등 말도 안 되는 여러 요구로 날 괴롭힌다. 난 혼자 있고 싶은데 말이다. 그래야 제대로 쉬는 것 같고 에너지가 충전되는데, 아무래도 부모님은 이런 나를 이해하지 못하는 것 같다. 나는 부모님께 할 말도 없고, 매번 같은 질문에 같은 대답하는 것도 지겹다. 그런데 부모님은 자꾸 무언가를 물어보고 알려고 한다. 난 무언가를 숨기려고 하는 것이 아니라 단지 할 말이 없을 뿐인데 마치 비밀을 캐내려고 하는 것처럼 호시탐탐 기회를 엿보는 부모님의 모습이 정말 짜증스럽다.

중학교에 와서 좋은 점도 하나 있다. 친구들이 많아진 것이다. 초등학교 때 친한 친구 몇 명이 함께 올라온 데다 나와 마음이 맞는 친구들이 있어서 그나마 위안이 된다. 그래서 그런지 요즘 학교에서 활발하다는 말을 많이 듣는다. 평소에는 활발하다는 말을 그렇게 많이 듣는 편은 아닌데, 친구들과 있으면 자유로워져서 그런 것 같다.

특정한 관심에 몰두하는 성향이 있는 내향형 청소년(14~19세)은 열두 과목 이상의 중·고등학교 커리큘럼을 소화해야 하는 것에 상당한 불만이 있다. 열두 과목을 모두 잘하려고 노력하는 데 남들보다 많은 에너지가 소모되는 까닭이다. 이런 상태에서 아이에게 정규 교과과정이 아닌 사교육까지 시키면 부담이 커져 모든 것을 포기해버릴 수도 있다. 부모가 주의 깊게 아이의 학습 용량과 수준을 점검해야 한다.

이 시기에는 혼자 있는 시간을 더욱 많이 필요로 한다. 내향형 청소년은 집에서 거의 말을 하지 않거나 자신의 방에서 나오지 않는다. 이때 부모가 적절한 노력을 하지 않으면 대화의 장이 아예 차단될 수 있다. 사적 공간을 침해받았다고 느끼지 않는 선에서 아이와 대화를 유지해나갈 필요가 있다. 대화를 할 때는 언제나 아이의 관심사나 공감할 수 있는 화제에 관해 이야기를 던지고, 대답이 없거나 단답식이더라도 다그치지 말고 그대로 수용해주는 것이 중요하다.

내향형 청소년이 가장 싫어하는 부모의 행동 중 하나는 혼자만의 시간을 보내고 있을 때 양해 없이 방에 들어오는 것이다. 이는 내향형 아이가 용납하기 어려운 일이므로 특히 주의하자.

### 내향형 청소년의 특성

- 좌절감이나 자기비판에 빠지기 쉽다.
- 유능하거나 지식이 많을수록 자유롭고 독립적인 성향이 크다.
- 집단으로 몰려다니는 것을 좋아하진 않지만, 소수의 무리와는 지속적인 친분을 유지한다.
- 혼자만의 시간이 길어지고, 집에서는 말수가 줄어든다.
- 권위적인 사람에게 저항하며 상당히 독립적인 특성을 갖는다.

아이들의 기질은 얼굴 생김새만큼이나 모두 다르다. 이 세상에 똑같은 아이는 하나도 없다. 내향적인 아이들도 저마다 다른 특성을 지녔다. 아이의 섬세한 기질까지 이해하기 위해서는 부모가 끊임없이 아이에게 관심을 기울여야 한다. 끈기 있게 아이의 욕구를 헤아려 아이가 스스로 자기 생활을 이끌 수 있도록 도와야 한다.

CHAPTER 3

# 아이의 성격을
# 마주하는 순간

# 말하지 않는 아이,
# 오해하는 부모

## 완벽한 부모는 없다 ⭐

"아이를 제대로 키우고 있는 건지 모르겠어요."

내향형 아이를 키우고 있는 미연 씨는 매일 좌절과 불안을 반복한다. 수용과 공감, 아이와의 상호작용 등 육아 서적에서 강조하는 내용은 모조리 섭렵하고 실천하려 하지만, 미연 씨의 아이에게는 전혀 적용이 되지 않을 때가 많은 탓이다. 그뿐만 아니라 다른 아이들은 가뿐하게 해내는 일을 힘들게 하는 아이를 볼 때마다 자신의 양육 방법이 잘못된 것은 아닌지 자문한다. 가장 힘든 것은 자신의 호흡보다 항상 한 발 느린 아이를 기다리다 끝내 폭발하고 마는 자신을 보는 일이다. 미연 씨는 아이의 기질이 문제인지, 자신의 양육이 잘못인지 판단이 서질 않는다고 토로했다.

어린 내향형 아이를 키우는 것은 쉬운 일이 아니다. 내향형 아이들은 외향형 아이들에 비해 기질적으로 예민하다. 일상에서 경험하는 모든 관문에서 무엇 하나도 그냥 넘어가는 법이 없이 까다롭다. 아이가 자신만의 보폭으로 세상을 향해 걸음을 내딛는 과정을 지켜보는 것만으로도 부모는 답답하고 힘들 것이다. 특히 보편적인 성장 과정에서 조금이라도 벗어나면 큰일 나는 줄 아는 우리나라 교육 환경에서, 아이만의 개성과 특성을 존중하기란 쉽지 않다.

하지만 현명한 부모라면 보편적인 육아법이 아이에게 맞지 않는다고 해서 좌절해서는 안 된다. 내향형 아이에게는 독특한 특성이 있음을 부모 스스로 인정하고 소신을 가져야 한다. 이때 내향형 아이들의 특징적인 행동 몇 가지를 기억하고, 그 기저에 있는 원인을 파악하면 도움이 될 것이다.

## 의사소통이
## 정말 어려워요 ★

엄마는 다섯 살 민아를 데리고 아이스크림 가게로 갔다. 바닐라와 초코아이스크림 중 무엇을 먹을지 물어보았다. 아이는 둘 다 상관없다고 대답했다. 아이가 둘 다 선호한다고 생각한 엄마는 바닐라아이스크림을 샀다. 그런데 바닐라아이스크림을 받아 든 민아는 울어버렸다. 도대체 무엇이 문제일까?

내향형 어린아이를 키우는 엄마들이 한 번쯤 경험한 일일 것이다. 자기 의사를 표현하라고 할 때는 표현하지 않고 가만있다가, 결정적으로 그 일이 자기 마음에 들지 않을 때 그냥 울어버리거나 짜증을 내는 아이를 부모는 정말 이해할 수 없다. 아이가 진정 원하는 것은 무엇일까?

내향형 아이들은 자신의 복합적인 심정을 하나로 결정해 말하는 것이 무엇보다 어렵다. 특히 그 반응을 상대가 어떻게 생각할지까지 고려해서 이야기하려고 하기에 내적 갈등과 혼란이 심하다. 그럴 때 아이는 말하지 않아도 부모가 자기 마음을 알아주길 바란다. 하지만 부모는 도대체 아이와 어떻게 의사소통해야 할지 모르겠다. 아무리 수용적인 분위기를 형성해도 선택의 상황에서는 자기 입장을 이야기하지 못하고 주저하며, 말하라고 종용하면 위축되고 겁먹어 입을 다물어버리는 탓이다. 이런 상황을 몇 번 경험한 부모는 아이에게 공감이 부족한 것도 아니고 무섭게 다그치는 것도 아닌데, 자신의 양육이 무언가 잘못된 건 아닌지 불안하다.

자신의 의견을 분명하게 표현하는 일은 내향형 아이들이 가장 느리게 적응하는 영역이다. 부모가 적절하게 코칭하더라도 애매모호한 상태에서 자기의 입장을 정하고 표현하는 것이 내향형 아이에게는 상당히 어려운 일임을 이해해야 한다. 이럴 때는 아이를 다그치기보다는 아이의 감정을 공감하고 수용하는 것이 안정감을 주는 데 효과적이다.

### 잘못했다고 말할 줄 모르는 아이, 혼내야 할까요? ★

여섯 살 수아는 평소에는 차분하고 조심성 많은 아이다. 그런데 잘못했다고 말하고 사과해야 하는 상황에서는 입을 다물어버리고 절대 잘못했다고 하지 않는다. 잘못된 상황에서는 아이의 고집을 꺾어야 옳고 그름을 알 수 있을 것 같아 수아 엄마는 무섭게 혼도 내보고 반성해야 하는 이유를 설명해보기도 했다. 하지만 수아는 변하지 않았다. 엄마가 보기에는 자존심을 세우는 것 같은데, 이대로 자기 고집을 세우며 고개를 숙이지 않는 수아가 독불장군처럼 자랄까 봐 걱정이 된다.

내향형 아이를 잘 관찰해보면 어색함과 민망함을 느끼는 상황을 힘들어한다. 다른 사람의 주목을 받을 때, 새로운 상황에서 모르는 사람이 자기에게 말을 걸 때처럼 낯선 상황에서는 아이가 더 움츠러들고 낯을 가린다. 수아처럼 스스로 충분히 잘못했다고 느끼는 상황에서도 미안함을 표현할 때 느끼는 민망함을 견디지 못해 절대 사과를 하지 않는다.

부모는 아이가 제대로 된 반성을 표현하길 원한다. 아이가 말을 하지 않으면 반성이 충분하지 않다고 여길 수도 있고, 정말 반성하고 있는지도 확인하기 어렵기 때문이다. 그러나 내향형 아이는 불쾌하고 부정적인 감정은 우선 피하는 전략을 사용하기 때문에 대답을 듣기란 쉽지 않다.

이 경우 아이와 힘겨루기를 하거나 심하게 혼내서 고집만 부리게 하는 대응은 옳지 않다. 아이가 정말로 잘못했는지 먼저 파악하고, 아이가 어떤 형태로든 감정을 표현하도록 방법을 알려주는 것이 좋다. "잘못했다고 생각하면 아빠를 안아줘"라고 하거나, "네가 지금 느낀 마음을 메모로 써줘"라고 하는 등 우회적 방법으로 접근하는 것이다. 아이가 성장하며 사회화되면 이 문제는 자연스럽게 해결될 일이다.

## 선생님이 우리 아이더러 문제라고 해요 ★

공개수업이 있는 오늘, 민지 엄마는 걱정이 이만저만이 아니다. 민지가 초등 1학년이던 작년의 악몽이 떠오르기 때문이다. 다른 아이들이 선생님의 질문에 서로 발표하겠다고 손을 들 때, 민지는 눈을 내리깐 채 어쩔 줄 몰라 했다. 보다 못한 선생님이 민지에게 기회를 줬지만 민지는 고개만 절레절레 흔들며 아무 행동도 취하지 않았다. 엄마는 민지에게 문제가 있는 건 아닌지 염려스럽다.

민지는 너무 소극적이고, 친구들에게 자기주장도 펼치지 못하며, 아이들이 서로 어울리는 상황에서도 혼자만의 공간을 찾아 조용히 있곤 한다. 선생님은 민지가 평소 어둡고 침울하며 사회성에 큰 문제가 있다고 지적했다.

유치원이나 초등 저학년 시기에 아이들은 본격적으로 사회생활을 시작한다. 대부분의 사람들은 누구와도 잘 어울리고 수업에 적극적이며, 선생님이 제안하는 어떤 요청에도 밝게 도전하는 아이들이 건강하다고 생각한다.

그런데 문제는 이 건강함의 조건이 외향적 성향을 기준으로 판단한 결과라는 점이다. 조용하고 행동이 조심스러운 내향형 아이는 자기만의 방식으로 사회적 규칙을 습득하고 관계를 형성하며 천천히 자신의 자리를 찾아간다. 그런데 이를 이해하지 못하고 외향성의 기준으로 아이를 판단해버리는 일은 무척 위험하다.

가장 최악의 상황은 민지 엄마가 선생님의 피드백을 근거로 민지를 외향형 아이로 바꾸어야 한다고 생각하는 것이다. 엄마가 아이의 기질을 부정하면 아이는 설 곳이 없어진다. 어떤 순간에도 아이를 믿고, 남들이 미처 알아보지 못한 아이의 강점을 믿어주는 것이 부모의 역할이다.

# 고집부리는 아이,
# 근심하는 부모

**도대체 언제까지
기다려야 할까요?** ★

　　　　　　　　외출만 하려 하면 상민이의 엄마는 답답하고 화가 난다. 아이가 외출 준비를 하려면 남들보다 오래 걸린다는 것을 알기 때문에 항상 충분한 시간을 주고 기다려주지만, 상민이는 약속한 시간이 다 될 때까지 아무것도 하지 않다가 결국 큰소리를 내야 움직인다. 초등 2학년이나 되었는데 아직도 시간 개념이 없는 것인지, 언제까지 기다리기만 해야 할지, 기다리면 과연 달라지기는 할지 도통 알 수가 없다.

내향형 아이의 행동이 느리다는 것은 부모도 잘 알고 있다. 그 때문에 외출 준비를 할 때면 아이에게 꽤 넉넉한 시간을 준다. 그리고 그 시간 동안 아이에게 잔소리하지 않으려고 주의를 딴 곳으로 돌리기도 한다. 아이를 보고 있으면 답답해서 또 다그치게 되고 아이는 아무것도 하지 못한 채 얼어버리거나 짜증을 낸다는 것을 아는 까닭이다. 그럼에도 불구하고 아이들은 그 노력이 무색하게 또다시 부모의 기다림을 요구한다. 이 대목까지 기다려 줄 수 있는 부모는 그리 많지 않다.

도대체 왜 이리 느린 것일까? 많은 내향형 아이들을 관찰한 결과 이것은 단지 행동이 느려서 생겨나는 문제가 아니다. 아이가 가지고 있는 기준과 외부에서 요구하는 기준이 다르기 때문에 느리게 보이는 것이다.

자기 기준이 강한 내향형 아이는 부모가 세운 기준보다 자신이 지금 몰입하고 있는 일이 중요하다. 자신이 생각하는 시간 개념이 다른 사람이 정해준 시간 개념보다 중요하기 때문이다. 아이의 관점으로 보면 무책임하지도 불성실하지도 않은데, 부모가 자신을 '문제'라고 말하면 오히려 억울함을 느끼기도 한다.

특히 어린 시기에는 시간 개념이 훨씬 주관적이고 경험이 부족하기 때문에 더 느린 경향이 있다. 다행스러운 일은 아이가 자라면서 시간 개념에 대한 피드백을 많이 받다 보면 느린 행동 특성이 점차 사라진다는 것이다. 자신이 책임을 다해야 하는 사회적 상황이 되면 아이는 그 속도에 맞게 움직이기 때문에 크게 걱정할 필요가 없다.

위 사례에서 상민이 엄마는 "우리에게 남은 시간은 10분이야. 이 시간을 지키지 못하면 저녁 놀이 시간을 가지지 못할 거야. 지금 하는 일과 놀이 중 어떤 것에 시간을 더 줄지 생각해봐"와 같이 상민이에게 객관적 상황을 알려주는 피드백을 지속적으로 하는 것이 좋다.

### 자기밖에 모르는 아이, 내향성 때문일까요? ★

동생이 없어졌으면 좋겠다는 초등 3학년 규민이는 자기 일 외에 그 어떤 것에도 관심을 보이지 않는다. 동생이 심하게 울어도, 엄마가 아파도 규민이는 크게 동요하지 않을 뿐만 아니라 궁금해하지도 않는 듯 보인다. 동생이 없어졌으면 좋겠다는 것도 부모의 애정을 독차지하고 싶어서라기보다 자기 물건을 건드리고 귀찮게 하는 것이 싫어서라고 한다. 친척들이 와도 인사만 하고 자기 방으로 들어갈 뿐 살갑게 구는 모습을 본 적이 없다.

규민이처럼 내향형 아이는 일상에서 자기밖에 모르는 것처럼 보인다. 언제나 사람에게 관심을 두고 있는 외향형 아이에 비해 내향형 아이는 타인에 대한 관심과 반응, 행동이 다를 수밖에 없다. 내향형 아이가 외향형 아이보다 더 자기중심적이거나 이기적이기 때문이 아니다. 자신이 관심을 가진 영역을 제외하고는 상당히 제한적인 시야를 가졌기 때문이다.

내향적인 사람은 고민이 생기면 다른 사람들과 상담하는 대신 혼자 고민해 해결책을 찾아낸다. 웬만하면 자기 일은 자기 내부에서 해결하는 것이다. 그러다 보니 다른 사람들에게도 자신과 같은 기준을 적용한다. 타인의 요청이나 고민을 들어도 그들 내부에서 해결책을 찾도록 두는 것이다.

내향형 아이들 역시 자기 시야 안에 있는 사람이나 일에 대해서는 상당히 배려심이 깊고, 작은 부분까지 마음을 써주는 공감력이 있다. 규민이 역시 평소에는 살가운 행동을 하지 않고 냉정해 보이지만, 자신의 관심사 안에 있는 사람에게는 상당한 공감과 배려 능력을 보여주기도 한다.

내향형 아이가 사람에 대한 관심과 행동을 제한적으로 보이더라도 지나치게 염려할 필요는 없다. 아이가 관계를 맺는 사람과 친숙한 경험을 나눌 환경을 지속적으로 제공한다면, 아이의 공감과 배려 능력은 날로 발달할 것이다.

## '싫다'는 말이 늘 먼저인 아이, 수용만이 답일까요?

초등 5학년 도현이는 하고 싶은 일이 없어 보인다. 방학을 맞아 엄마는 수영이나 역사 체험 등 여러 가지 활동을 제안했지만, 도현이는 무조건 싫다고 하거나 하지 않겠다고 했다. 엄마는 아이의 선택이 중요하다는 생각에 물러서려고 하다가 문득 의문이 들었다. 아이가 싫다고 하면 정말 아무것도 시키지 말아야 할까? 도현이 엄마는 거듭되는 아이의 거절에 자신의 태도를 결정하기가 무척 어렵다.

낯선 환경을 싫어하는 내향형 아이는 새로운 일을 하자고 할 때 흔쾌히 "하겠다"고 하는 법이 없다. 주로 "안 하겠다"고 대답하는 경우가 많고, 혹여 한다고 결정했더라도 막상 그 상황이 닥쳤을 때 거부하는 바람에 당황하는 부모가 많다.

아이가 싫어하는 일을 무조건 시킬 수 없다는 것은 알지만, 그렇다고 아이가 좋아하는 것만 시킬 수도 없는 노릇이다. 엄마는 이렇게 경험의 폭이 좁아질수록 아이가 더 의기소침해지고 용기를 잃게 되진 않을까 걱정된다.

그런데 내향형 아이들을 자세히 관찰해보면, 어떤 일을 시작하도록 멍석을 깔아줬을 때 의외로 잘하는 경우가 많다. 자신에게 요구되는 일에 대해 책임감이 강하고, 피할 수 없다고 생각하면 그 일을 받아들이기 때문이다. 하기 전에는 그렇게 하기 싫다고 하다가도 막상 일이 눈앞에 닥치면 뚝딱 해내는 아이를 보며 부모는 어디까지 개입하고 수용해야 할지 판단하기 어렵다.

이럴 때 부모가 가져야 하는 적절한 태도는 선 수용, 후 개입의 원칙을 지키는 것이다. 일단 망설이고 낯설어하는 아이의 마음을 충분히 공감해준 후, 그 일을 하지 않았을 때 따르는 책임을 명료하게 알려줘야 한다. 아이가 더는 물러설 수 없음을 깨닫고, 아주 작은 부분이라도 도전할 수 있도록 돕는 것이 부모의 역할이다. 부모가 그저 공감만 하고 물러선다면 아이는 계속 망설이느라 아무 일도 하지 못할 것이다.

# 부모와 아이의 성격 궁합

**외향형 부모와
내향형 아이** ★

아이를 양육할 때는 아이의 성향 못지않게 부모 스스로의 성향을 파악하는 것도 중요하다. 특히 부모와 아이의 성향이 다를 때는 양육에 각별한 주의가 필요하다. 부모가 외향적이면 내향형 아이를 답답해하는 것은 물론 지나치게 걱정하는 경향이 있다. 외향형 부모는 아이가 너무 소극적이고 사회적 기술이 부족하며, 자신감이 없다고 말한다. 외향형 부모는 아이가 충분히 할 수 있는 일도 마다한다고 생각하고, 아이는 부모가 자신을 곤란한 상황으로 몰아넣는다고 생각한다.

특히 남자아이의 경우에는 갈등이 더욱 심각할 수 있다. 외향형 부모는 남자아이가 내성적인 성격을 가지면 사회생활이 어려울 거라고 단정한다. 그래서 아이에게 강하고 적극적으로 행동하라고 요구한다. 이는 아이에게 엄청난 좌절감을 주고 자기비판의 단초가 되므로 주의해야 한다.

또한 내향형 아이는 다른 사람 앞에서 자신을 노출하기를 꺼린다. 그런데 사교성과 적극성이 강한 외향형 부모가 자신의 이야기를 다른 사람들에게 떠벌린다고 느끼면 아이는 마음을 아예 닫을 수 있다. 외향형 부모는 아무것도 아닌 것에 괜히 민감하게 군다고 아이를 탓할 수 있지만, 내향형 아이는 자신이 존중받지 못하고 있다고 여기며 깊은 상처를 받을 수 있다.

## 내향형 부모와
## 내향형 아이 ★

부모와 자녀의 성향이 맞다는 것은 축복할 일이다. 서로의 코드가 맞고, 함께 즐길 거리가 있으며, 이심전심 마음이 통할 것이다.

내향형 부모와 자녀는 집에서 하루 종일 같이 영화나 책을 보고 음악을 들어도 심심하지 않다. 특히 부모가 내향적 특성을 갖고 있더라도 사회생활을 제대로 할 수 있다는 자신감을 가지고 있다면, 아이를 진심으로 이해하며 있는 그대로 받아들일 수 있다. 서서히 적응하면서도 뒤처지지 않을 수 있다는 자신감이 있기 때문이다.

문제는 스스로 적극적이지 못하고 사교적이지 못한 것을 흠이라고 생각하는 내향형 부모다. 특히 요즘같이 자연스럽게 친구 모임을 갖기 어려운 시대에는 내향형 아이가 더욱 걱정스러울 것이다. 언제나 무리에 어울리지 못하고 혼자 겉도는 듯한 아이를 보면서 내향형 부모는 자신이 성장기에 가졌던 어려움이 떠올라 더욱 아이를 염려할 수 있다.

내향형 부모는 아이와 놀이 시간이 충분히 필요하다고 느끼지만, 자신의 성향상 아이와 활동적으로 놀아주는 일이 쉽지 않다. 함께 게임을 하거나 체스를 두는 일은 얼마든지 할 수 있다. 그러나 운동장이나 놀이터에서 활동적으로 놀아주는 일은 상상하기 힘들다.

상담실에 찾아온 한 내향형 부모는 내향형 남자아이를 키우고 있었다. 가족 모두가 내향적이니 서로 잘 맞을 것 같겠지만 실상은 그렇지 않았다. 내향형이라 하더라도 아이들은 특유의 활력을 갖고 있다. 이러한 아이는 내향형 기질을 타고났지만 외부 활동이나 신체 활동을 좋아하고 에너지 수준도 높다.

　문제는 아이라면 보편적으로 가지고 있는 이런 활력을 내향형 부모가 도저히 따라가지 못하는 것이다. 이들 부모는 아이를 위해 나들이를 가도 내향형 기질에 맞게 역사박물관을 간다든지, 고즈넉한 자연을 감상하기 위해 교외를 찾는 휴식 방법을 택하곤 했다. 아무리 같은 내향형이더라도 한창 뛰놀 남자아이가 이를 좋아할 리 만무하다. 아무 말없이 부모를 따라다녔던 아이와 상담했을 때, 아이는 자신의 마음을 몰라주는 부모에게 지치고 실망했다고 고백했다. 이런 상황이 반복되면 아이는 즐거움의 욕구를 채우지 못해 불만이 생기고 의지력이 한없이 감소하게 된다.

## 외향형 부모와 외향형 아이 ★

　　　　　　　　　외향형 가족은 외부 활동을 많이 한다. 특히 주말은 늘상 이벤트다. 특별한 일없이 집에 있을 때면 아이는 심심하다고 하루 종일 노래를 부른다. 부모 역시 다른 사람과 어울리는 것을 좋아하기 때문에 늘 부모와 자녀가 함께할 수 있는 동창 모임, 이웃 모임, 반 모임 등이 줄을 이을 것이다. 언제나 경쟁적인 놀이, 캠핑, 놀이동산 나들이 등 활력이 넘치는 활동을 지속적으로 한다.

이런 유형은 하루하루 생활이 즐겁고 에너지가 넘칠 수 있지만, 한참 성장기에 있는 아이에게 반드시 필요한 정서적 상호작용의 시간은 부족할 수 있다. 늘상 많은 사람에게 둘러싸여 있느라 부모와 자녀의 특별한 관계를 만들어나가는 것이 쉽지 않은 것이다.

나 역시 다섯 남매가 북적이는 가정에서 자랐다. 나는 어렸을 때 집에서 놀았던 기억이 거의 없다. 부모님을 비롯하여 다섯 남매 모두 외향형이었기 때문에 가족이 많음에도 불구하고 집은 비어 있거나, 아니면 각자의 친구들로 방 안이 가득했다. 성장해서 돌이켜보니 가족들과 함께 공유할 만한 추억이 없어 아쉽다.

사람과 사람 사이는 공들이지 않으면 서로를 이해하기 힘들다. 인간관계의 기본인 '애착'을 느껴보지 못한 사람은 깊은 관계를 형성하기 힘들다. 아는 사람은 많지만 속까지 다 이해하며 말하지 않아도 마음이 통하는 친구를 만들기 어렵다는 말이다. 외향형 부모와 외향형 아이의 조합은 이 점을 주의해야 한다.

## 내향형 부모와
## 외향형 아이 ★

이 경우 부모는 아이가 감당이 되지 않는다. 아이의 목소리와 행동이 너무 커서 남들이 볼까 신경 쓰이고, 부산스러워 차분히 앉혀놓기 쉽지 않으며, 무슨 일이든 깊게 끝까지 파고드는 법이 없는 아이가 학습을 제대로 할 수 있을지 걱정이다. 그뿐 아니라 끊임없이 놀아달라고 요구하고 수다스러운 아이를 상대하느라 부모는 에너지가 고갈될 가능성이 높다.

특히 내향형 부모가 내향형 딸을 먼저 키우고 외향형 아들을 키우는 경우에는 최악의 상황을 맞이할 수 있다. 내향형 부모는 아이에게 책임과 자율성을 강조한다. 내향형 딸을 경험해본 부모는 누나처럼 차분하게 자기 일을 처리하지 못하는 아들을 견디기 힘들고, 계속 비교하게 된다. 또한 외향형 아들이 무슨 일을 하든 진득하지 못하고, 매일 할 일도 스스로 챙기지 못해 부모를 귀찮게 한다고 느낀다.

성향과 상관없이 남아와 여아의 차이만으로도 그런 현상이 생길 수 있는데, 거기에 성향까지 다르니 이 간극은 쉽게 메울 수가 없다. 결국 부모는 외향형 아이에게 문제가 있다고 판단해 매일 잔소리를 하거나 비판하게 된다. 반면 외향형 아이는 자기를 언짢게 보는 부모의 눈치를 보느라 위축되기 쉽다. 또한 무언가를 할 때마다 기다리라고 하거나 조심하라고 하는 부모가 답답하고 원망스러울 것이다.

이처럼 어떤 부모와 자녀 조합도 완전하지 않다. 물이 위에서 아래로 흐르듯 부모가 먼저 자신의 기질을 이해하고, 그 기준으로 아이를 재단하지만 않는다면 성향에 상관없이 좋은 부모와 자녀 관계를 유지할 수 있을 것이다.

# 타고난 성격보다 중요한 것

**아이가 원하는 표현으로
사랑하라** ★

　　　　　　　　아이가 부모에게 바라는 것은 자기 기질에 맞는 애정 표현이다. 그래야만 아이는 자신이 사랑받고 있음을 느끼며 자존감을 가질 수 있다.

　몇 년 전 상담실에서 만난 고등학생 정민이는 부모의 애정과 수용을 한 몸에 받는 아이였다. 그러나 부모의 표현법이 자신에게 맞지 않아 오히려 부담을 느끼고 있었다.

　전형적인 내향형 아이였던 정민이는 인문계 고등학생이었는데, 언제나 무기력했다. 대학 진학은 일찌감치 포기했고, 학교에는 겨우 출석만 하는 상태였다. 수업 시간에는 멍하니 앉아 있고, 쉬는 시간에는 엎드려 잠만 잤다. 다른 아이들이 정민이의 목소리를 들을 수 있는 순간은 등교하면서 "안녕" 하고 인사할 때와, 친구들의 질문에 "응" "아니" 정도로 짧게 대답할 때였다.

어렸을 때도 조용하고 정적인 특성을 갖고 있긴 했지만, 이 정도는 아니었다. 중학교 때까지는 친한 친구들과 어울리기도 했고, 학교 동아리 활동에도 참여했다. 그러나 학년이 올라갈수록 친구들과 떨어져 홀로 있는 시간이 늘었고, 급기야 몸은 학교 안에 있지만 마음은 자기 방에 가 있는 경우가 많았다. 집에서도 마찬가지였다. 정민이는 딱히 할 일이 없는데도 새벽 여섯 시에 일어나 책상에 우두커니 앉아 있곤 했다. 가족들은 이런 정민이를 이해하지 못해 답답할 뿐이었다.

### 아이를 바꾸려고 하지 마라 ★

정민이는 가족으로부터 우려와 비난 섞인 눈빛을 언제부터 받았을까? 정민이와 이야기해보니 가족들의 눈빛에 부담을 느끼기 시작한 것은 아주 어렸을 때부터였다. 정민이에게는 무엇이든 경험해보길 원하는 적극적인 성격의 오빠가 있다. 덕분에 정민이는 어릴 때부터 오빠의 다양한 학습 활동을 함께해야만 하는 경우가 잦았다. 엄마는 말없이 따르는 정민이를 보며 그저 순응적인 아이, 착한 아이 정도로 여겼다.

문제는 정민이가 학교에 입학하면서부터 불거졌다. 정민이와 오빠가 비교되기 시작한 것이다. 정민이 엄마의 기준은 낯선 장소에 바로 적응하는 첫아이에게 맞춰져 있었고, 엄마는 늘 수동적인 정민이를 이해할 수 없었다. 엄마는 무슨 일이든 싫으면 절대 하지 않는 정민이의 고집을 꺾어야 한다고 생각했다. 그래서 정민이가 받아들일 때까지 설득하고 강요해서 반드시 학습 활동을 하도록 만들었다. 이러한 과정이 반복되면서 정민이는 어느 순간 자기만의 성을 쌓고 현실과 유리된 공간에 숨어버린 것이다.

이후 정민이는 자신에 대한 비판이나 평가를 전혀 받아들이지 않게 되었다. 또한 어떠한 자극에도 반응하지 않았다. 현재 정민이는 아무것도 하지 않은 채 자기를 완전히 포기한 상태로, 높고 거대한 바벨탑에 숨어 지내는 셈이다. 그런데 정민이가 언제까지나 그 바벨탑 안에서만 살 수 있을까? 과연 그 안에서 평안할까?

아이를 일부러 힘든 상황으로 몰아넣는 부모는 없다. 대다수의 부모가 나름대로 잘해보려고 하다가, 아이의 기질은 고려하지 않고 사회적 기준이나 자신이 옳다고 믿는 방향으로 유도하는 실수를 범한다. 그러면 아이는 결국 정민이처럼 수동적인 아이가 되고 스스로를 잃어버리고 만다.

아이들의 기질은 얼굴 생김새만큼이나 모두 다르다. 이 세상에 똑같은 아이는 하나도 없다. 내향적인 아이들도 저마다 다른 특성을 지녔다. 아이의 섬세한 기질까지 이해하기 위해서는 부모가 끊임없이 아이에게 관심을 기울여야 한다. 끈기 있게 아이의 욕구를 헤아려 아이가 스스로 자기 생활을 이끌 수 있도록 도와야 한다.

## 부모 자신을
## 돌아보는 게 먼저다 ★

아이를 있는 그대로 본다는 것은 부모가 갖는 세계관, 가치, 편견, 선입견 등을 다 내려놓고 아이의 모습을 온전히 받아들인다는 의미다. 이는 맑은 거울로 아이의 모습을 오롯이 비춰보는 것과 같다. 앞서 성향 조합 유형을 살펴보며 부모의 기준으로 아이를 재단하지 않아야 한다고 강조한 이유가 여기에 있다.

물론 부모도 사람이라 이렇게 하기가 말처럼 쉽지 않다. 특히 한국 사회는 부모와 자녀 관계를 일심동체로 보는 경향이 강하므로, 부모가 아이와 자신을 분리시켜 인식하는 데 어려움을 느낀다. 자기 성향을 잘 알지 못하는 부모들은 더 힘들어한다. 스스로에 대한 부정적 감정, 고치고 싶던 약점 등이 무의식에 잠재해 있다가 아이를 양육하며 드러나기 때문이다.

학창시절에 공부를 전혀 하지 않고 학교 규율도 쉽게 어기면서 문제를 일으켰던 부모를 예로 들어보자. 이러한 부모는 아이에게 보다 엄격한 규율과 철저한 공부 스케줄을 짜주며, 아이가 학교생활을 완벽히 수행하길 원한다. 자기 삶에서 부족했던 부분에 대한 무의식적 보상이 작동하는 것이다. 그러면서도 부모는 스스로가 어떤 상태인지 모르는 경우가 많다. 자신에 대한 이해는 부족한 반면, 아이에게는 필요 이상의 압력을 가하는 것이다. 무의식적 보상 심리는 스스로 인식하기 어렵고, 인식한다 하더라도 제어하기 힘들다. 부모가 자녀에게 무엇을 원하는지 본질을 꿰뚫지 못한 채, 세상의 기준에 자신과 아이를 맞추려고 애쓰는 것은 매우 불행한 일이다. 이런 경우 부모도 아이도 진정한 자기(self)를 잃어버리는 것은 물론이고, 결국 아이의 성장을 가로막게 된다.

부모가 자신을 잘 이해할 때, 비로소 아이에 대한 심리적 거리를 유지하면서 객관성과 자율성을 얻을 수 있다. 수많은 부모와 자녀 관계가 이 객관성과 자율성을 유지하지 못한 탓에 상처를 받는다. 아이의 문제에 직면한 부모는 흔히 "나는 더 열악한 환경에서도 이러지 않았는데…"라고 말한다. 이미 자신과 아이를 일체화해 자기의 기준으로 아이를 판단하고 있다는 뜻이다.

부모의 객관성이란 자녀를 멀리 떼놓고 볼 수 있는 능력이며, 자기 삶을 성찰하는 능력이다. 또한 성찰이란 부모인 내가 무엇에 집착하는지, 무엇을 원하는지, 언제 분노하고 언제 슬퍼하는지 자신의 삶을 매일 돌아보고, 자신의 감정을 헤아리며, 감사하고 위로하는 능력을 말한다. 진정한 수용은 아이를 무조건 받아들이는 게 아니라, 부모가 자기 자신부터 성찰함으로써 이루어진다.

흥미로운 사실은 자기수용이 안 되는 부모는 아이 역시 제대로 보지 못한다는 점이다. 자기비판이 많은 부모는 아이에게도 비판이 심하다. 모든 초점이 사회적 기준에 맞춰진 부모는 아이가 무엇을 버거워하고 무엇에 고통받는지 보지 못한다. 또한 아이를 경쟁상대로 여길 만큼 자존감이 약한 부모는 아이의 강점은 보지 못하고 취약한 부분만 지적한다.

## 비움의 원칙 ★

누구에게나 자신과 맞지 않는 상대를 견디는 일은 어렵다. 특히 나와 분리해서 생각하기 힘들고, 교육 혹은 훈육해야 하는 아이가 내 성향과 전혀 맞지 않을 때 부모는 막막하다. 때로는 아이에게 화를 내기도 하고 자주 답답해하지만, 또 돌아서면 이내 죄책감과 미안함에 시달린다. 세상 누구보다 우리 아이가 잘되길 바라는 애정과 책임감이 크기 때문이다. 그래서 부모는 '우리 아이는 나와 맞지 않는다', '이해가 되지 않는다'고 하면서도 어떻게든 아이의 욕구를 파악해 맞춰주려고 한다. 그런데 부모의 이러한 노력에는 몇 가지 원칙이 필요하다.

가장 기본적인 원칙은 나를 비우고 아이를 바라봐야 한다는 것이다. 모든 인간관계의 기본은 상대를 있는 그대로 보는 것에서 출발한다. 나를 비우지 않으면 상대를 나의 입장에 맞춰 판단하고 왜곡할 수밖에 없다. 사실 상대의 존재 자체가 잘못된 경우는 거의 없다. 다만 그 존재를 받아들이는 내 관점이 잘못된 경우가 훨씬 많다. 특히 배우자나 자식처럼 나의 경계선 안에 있는 사람을 내 틀, 내 관점으로만 본다면 본질이 심하게 왜곡될 수 있다. 여기서부터 아이의 자존감이 무너지고 부모에 대한 신뢰가 바닥으로 떨어지는 것이다. 그렇다면 나를 비우는 일은 어떻게 시작할 수 있을까?

　많은 사람이 비우는 일을 생각할 때 '참기', '견디기', '포기하기' 등의 단어를 떠올린다. 그러나 참고 버티는 것이 좋은 방법은 아니다. 진정한 비움은 자신이 살아가면서 가장 중요하게 생각하는 가치가 무엇인지 인식하는 것부터 시작해야 한다.

　'성실'이라는 가치를 중요하게 여기는 부모는 자녀가 자신의 일에 최선을 다하지 않거나 약속을 자주 저버리면 매우 분노한다. 자신이 가장 중요하다고 여기는 가치를 자식이 위배하는 일을 참지 못하는 것이다. 그렇기 때문에 부모가 자신을 제대로 인식하는 것이 중요하다. '내가 이 부분을 정말 중요하게 생각해서 못 견디는구나. 우리 아이의 가치는 다를 수 있는데⋯ 다른 것을 훨씬 중요하다고 생각할 수 있는데⋯ 내가 꼭 옳은 것이 아닌데⋯'와 같이 생각하며 자신을 비우고 다스려야 한다.

# 내성적인 아이에게
# 독이 되는 부모의 태도

**부모는
마라토너가 아니다** ★

　　　　　　부모가 아이의 성향을 왜곡해서 받아들이면 아이 성격의 건강성을 해친다. 이 왜곡은 대개 아이를 온전한 개인적 존재로 인정하지 않는 태도에서 비롯된다. 아이를 과잉보호하는 부모, 방임하는 부모 모두 자신과 아이의 적절한 분리가 이루어지지 않아 자기 방식으로 아이를 양육하는 대표적인 예다. 이렇게 분리가 되지 않는다는 것은 아이와 부모의 적절한 거리가 유지되지 않는다는 의미이기도 하다.

부모와 자녀 사이의 적절한 거리는 마라톤 선수와 페이스메이커(pacemaker)의 관계를 통해 알아볼 수 있다. 마라톤을 할 때 페이스메이커는 선수보다 조금 앞서 가거나 약간 뒤에서 뛰며 선수의 부상을 막고, 주인공인 마라토너를 끝까지 보호하며 지지하는 역할을 한다. 페이스메이커는 선수들을 제멋대로 이끌거나 지시하지 않고 선수의 안전을 도모한다. 마라토너를 격려하는 페이스메이커, 이것이 바로 적절한 부모의 역할이다. 그러나 과잉보호나 방임하는 부모는 이 적절한 선을 지키지 못한다.

과잉보호하는 부모는 아이가 쓰러지면 자신이 대신 뛰려고 할 것이고, 방임형 부모는 아이가 시야 밖으로 멀어지더라도 막연히 아이 스스로 할 수 있다고 여기는 데 그칠 것이다. 두 유형의 부모 모두 적절한 페이스메이커의 역할을 하기엔 역부족이다. 과잉보호형 부모나 방임형 부모는 아이의 자율성과 잠재력을 제대로 파악하지 못한다.

이 외에도 감정의 기복이 심해 아이의 예측을 방해하고 불안하게 만드는 부모, 자신이 모두 옳으니 따라야 한다는 독재적인 부모, 이랬다저랬다 하며 상황에 따라 원칙이 변하는 부모 등이 아이가 세상을 보는 데 장애물을 만든다.

## 나의 기준에
## 아이를 맞추지 마라 ★

내향형 아이의 관점에서, 아이를 가장 힘들게 하는 부모의 양육 태도는 무엇일까? 기본적으로 자신의 속도에 아이가 맞추어야 한다는 독단형 태도는 내향형 아이를 무기력하게 만든다. 내향형 아이들은 다른 무엇보다 자기 생각과 판단을 중요시한다. 그 때문에 모든 일을 자기만의 속도로 처리하고, 자기 속도로 움직일 때 그 일을 즐겁게 할 수 있다. 이를 무시하고 부모의 속도나 계획에 모든 것을 맞추라고 할 때 내향형 아이들은 힘을 잃는다. 독단형의 부모일수록 자신의 지시가 아이에게 부담이 될 것이라는 생각을 하지 못한다.

예를 들면 부모는 아이에게 최소한의 숙제를 내줬는데도 하지 않으려고 투정을 부린다고 여긴다. 숙제를 할 수 있는 능력이 있으면서도 부모가 시키는 것에 반발해 따르지 않는다고 판단하는 것이다. 문제는 양적 분량이 아니라 심리적 분량이다. 자신만의 기준이 있는 내향형 아이는 부모 마음대로 세운 계획에 자신이 왜 따라야 하는지 알지 못하고, 행동의 의미를 잃어버린다.

더 나아가 완벽한 기준을 세우고 아이를 비판하는 완벽주의형 부모 역시 내향형 아이에게는 치명적이다. 내향형 아이 자체가 기질적으로 약간씩 완벽주의를 갖고 있다. 그런데 부모까지 더 높은 수준의 완벽성을 제시하고 결과가 완벽하지 않을 때 아이를 비판한다면 어떨까? 아이는 자기비판과 과제에 대한 중압감에 짓눌릴 것이다. 이럴 경우 자존감이 낮고 우울한 아이가 되기 쉽다.

외향형 아이들은 어른에게 혼났을 때 무조건 무섭고 억울하고 화가 난다고 표현한다. 자기 입장을 중심으로 그 상황을 기술하면서 억울함을 토로하는 경우가 대부분이다. 반면 내향형 아이는 자신이 잘못한 부분을 먼저 생각하는 경우가 많다. 매일 자기 물건을 챙기지 못해서 자주 혼났던 기억이 있는 초등 5학년 유민이는 과거를 회상하면서 "그 일 때문에 주말에 놀러 갈 기회를 놓쳐버렸어요. 그렇지만 여러 번 지적을 받았는데 제가 고치지 못했으니까요"라고 말한다. 사실 유민이의 마음속에는 "그래도 그렇게까지 혼낼 필요는 없잖아요"라는 억울함이 있을 수 있다. 그런데도 내향형 아이는 가능한 한 객관적으로 자기가 잘못한 것부터 찾으려는 특성을 보인다. 이러한 아이들을 성인의 잣대로 비판한다면 아이는 더욱 자신을 탓하며 스스로에 대한 좋은 그림을 그릴 수 없게 된다.

## 섬세하고
## 민감한 태도를 지녀라 ★

아이의 행동에 민감하지 않아 아이가 말하지 않으면 마음을 모르거나 무시하는 무신경형 부모도 내향형 아이를 주눅 들게 한다. 내향형 아이는 자기표현에 서툴고 자극에 즉각적으로 반응하지 않는다. 설사 마음에 들지 않는 것이 있더라도 그 즉시 드러내기보다는 마음속으로만 불만을 가지고 있는 경우가 많다. 그런데 무신경형 부모는 아이의 이런 감정이 거세게 폭발할 때가 아니면 아이의 마음을 잘 읽지 못하고 자기 식대로 해석해버린다. 이런 유형의 부모 아래서 자란 아이들은 불만이 일정 수준을 넘어서면 폭발하고, 그것이 자신의 마음을 표현할 유일한 방법이라고 여기게 된다. 그래야 부모가 자신의 어려움에 주의를 기울이기 때문이다.

내향형 아이를 키우는 부모일수록 섬세하고 민감해야 한다. 아이는 아직 경험이 부족하기 때문에 어디까지 말해야 하는지, 또 말하지 않아도 되는 부분은 무엇인지 잘 모른다. 민감한 부모만이 아이가 표현하지 않는 이면의 마음까지 헤아리고 공감할 수 있다. 이 과정을 통해 아이도 적절한 수준에서 안전한 방법으로 감정을 표현하는 방법을 배울 수 있다.

만약 부모의 기질 자체가 민감하지 않더라도 걱정할 필요는 없다. 성인인 부모는 학습된 민감성이 있으므로 아이의 행동과 표정에 세심하게 관심을 기울이는 것만으로도 아이의 마음을 헤아릴 수 있다.

## 집과 사회의
## 경계를 구분하라 ★

외부와 내부의 경계가 없는 무경계형 부모 또한 아이를 불안하게 만든다. 집이 늘 바깥세상처럼 느껴지면 외향형 아이라도 불안을 느낀다. 매일 집으로 사람을 초대하고, 가족에게 관심을 가질 시간도 없이 외부 사람들과 교류하는 극단적인 외향형 부모가 있을 수 있다. 이러한 무경계형 부모는 내향형 아이에게는 견디기 힘든 존재임과 동시에 늘 서운함과 외로움을 갖게 하는 존재다.

예를 들어 가정집에서 공부방을 운영하는 엄마를 떠올려보자. 이런 환경이라면 집에 수많은 친구들이 오가는 상황이 반복된다. 아이 입장에서는, 엄마가 나의 엄마가 아니라 아이들의 선생님이 되는 것이다. 이 세상에 하나밖에 없는 나의 엄마를 여러 친구들과 공유해야 한다니, 아이에게는 용납할 수 없는 일이다. 하물며 친구들에게 공정하고 친절한 선생님이 되어주는 엄마가 나에게는 화를 내고 엄하게 대한다면, 엄마를 향한 아이의 정서적 욕구가 크게 좌절될 것이다.

일대일 관계를 편안하게 생각하고, 자기만의 사적 공간이 있어야 휴식이 가능한 내향형 아이라면 문제가 더 심각하다. 마치 막중한 업무로 24시간 100% 에너지를 쏟아 과로에 찌들어가는 회사원의 느낌을 받지 않을까? 이런 상황에 처한 내향형 아이는 신체적, 심리적 에너지가 고갈된다. 아무것도 하지 않아도 늘 '힘들다'는 말을 달고 사는 아이가 되기도 하고, 심하면 엄마의 관심을 놓치지 않고 엄마를 자기 옆에 붙들어두기 위해 불안이나 퇴행 등의 증상을 보이기도 한다.

이 밖에도 내향형 아이가 힘들어하는 유형의 부모는 성미가 급한 부모, 자기중심적인 부모, 목소리가 너무 큰 부모 등 매우 다양하다. 중요한 것은 부모의 유전적 기질이 무엇인가가 아니다. 부모가 아이와 박자를 얼마나 잘 맞추는지, 한결같은 태도로 아이를 살펴보는지가 중요하다. 이 점을 기억하면 아이는 부모를 자신과 가장 잘 소통할 수 있는 위대한 조력자로 믿고 따르게 될 것이다.

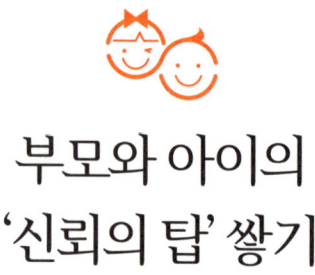

# 부모와 아이의
# '신뢰의 탑' 쌓기

**둘만의 시간이
필요하다**

그렇다면 내향형 아이를 키우는 데 가장 적합한 환경은 무엇일까? 조금만 주의를 기울이면, 내향형 아이의 특성을 존중하면서 아이의 잠재능력을 이끌어낼 수 있는 양육 환경을 만들 수 있다. 이러한 환경이 조성되었을 때 아이의 마음이 열리고, 어떠한 장애물 없이 자유롭고 안정된 상태로 자신의 강점을 발휘할 수 있다.

가장 기본적인 조건은, 부모와 아이 사이에 신뢰를 형성해야 한다는 것이다. 신뢰라는 탑은 한순간에 쌓을 수가 없다. 벽돌 한 장 한 장을 쌓아 올리듯 오랜 시간 섬세한 관심과 사랑을 쏟아야 아이의 마음을 열 수 있다. 이를 위해서 가장 필요한 것이 바로 부모와의 일대일 시간이다.

내향형 아이는 깊은 대화와 교류, 관계를 원하기 때문에 아무런 방해 없이 부모와 함께 보내는 시간이 필요하다. 외향형 아이가 매일 놀이터에 나가자고 부모에게 요구한다면, 내향형 아이는 부모와 집에서 놀기를 원한다. 자신이 하는 일을 바라봐주고 인정해주며, 자기의 관심사를 들어주면 아이는 상당한 충족감을 느낀다.

또한 아이의 비언어적 표현이나 표정 하나까지 살필 줄 아는 부모가 되어야 한다. 외향형 아이는 부모가 묻기도 전에 알아서 자신의 입장과 감정, 요구할 바를 과하게 쏟아낸다. 그래야 직성이 풀리는 까닭이다. 하지만 내향형 아이는 웬만하면 자기표현을 하지 않는다. 그러므로 안으로 삭히는 감정이 무엇인지 면밀히 살펴야 아이의 마음을 진심으로 이해할 수 있다. 내향형 아이는 상황에 따라 "괜찮다"고 해버리거나 자신의 감정이 표면화되기 전에 침대 속으로 숨는 경우가 많다. 내향형 아이를 둔 부모는 더 면밀하게 관찰하고 온 정성을 다해 마음의 소리를 경청해야 한다.

 마지막으로 항상 아이를 격려하고 지지해주는 부모가 되어야 한다. 내향형 아이는 외향형 아이처럼 다른 사람의 긍정적인 평가를 이끌어내기 위한 자기표현에 에너지를 쏟지 않는다. 하지만 외향형 아이 이상으로 외부 평가에 관심을 가지고 있다. 마음은 굴뚝같은데 외부로 그 욕구를 표출하지 않는 것이다. 그렇기에 내향형 아이가 외부의 관심을 이끌어내는 데는 한계가 있다. 부모만이 그 욕구를 알고 이해하며 격려와 지지를 보낼 수 있다. 특히 만 3세에서 10세까지의 아이에게 보내는 격려와 지지는 평생 자존감과 연결된다. 아이가 자아를 깨닫는 데 도움이 되는 까닭이다.

## 첫 번째 롤모델은 부모 ★

 내향형 아이는 언제나 상황을 예측할 수 있어야 하고, 정확해야 하며, 정직해야 한다. 자신의 감정 표현을 잘 하지 않지만, 느닷없는 일정이 생기거나 약속한 일이 이행되지 않으면 불같이 화를 내고 짜증을 낸다. 그러므로 부모가 약속을 깨뜨리거나 거짓말을 한다고 느끼면 부모를 신뢰하지 않게 된다. 실제로 내향형 아이는 가끔 부모가 기억하지 못하는 일도 정확하게 기억하면서 사실 유무를 따질 때가 있다. 이때는 이미 아이가 부모를 신뢰하지 않고 있으며, 부모에게 분노하고 있다는 것을 알아야 한다.

실수나 실패에 직면했을 때 부모가 잘 대처하는 모습을 보여줘서 아이에게 훌륭한 본보기가 되는 것도 좋다. 내향형 아이는 비난이나 비판에 상당히 민감하다. 그러므로 비난과 비판 같은 불쾌한 경험을 당하지 않기 위해 더욱 실수하지 않으려고 애쓴다. 심지어 어린아이들은 익숙하지 않은 일을 아예 시도조차 하지 않는 경우가 있다. 실수했을 때의 낭패감을 애초에 차단하고 싶은 것이다. 이때 아이에게 무조건 해보라고 등을 떠밀거나, 실수해도 괜찮다고만 해서는 안 된다. 실수했을 때 적절하게 대응하고 또다시 시도하는 바람직한 모습을 아이에게 보여줘야 한다.

실제로 실수를 두려워하는 아이의 부모를 만나보면 그들 역시 실수에 상당히 방어적인 경우가 많다. 자신의 행동은 자유롭지 못하면서 아이에게 실수해도 괜찮다고 격려하는 것은 잘못된 일이다. 아이가 부모를 믿지 못하게 되고, 자신의 행동을 변화시킬 수도 없기 때문이다. 부모가 먼저 실수에 대해 개방적인 태도를 보여야 아이들 역시 이에 관대해진다.

## 천천히
## 느리게 걷기 ★

일관성과 안정성이 있는 환경도 중요하다. 내향형 아이들은 예측 가능하고 익숙한 환경을 원한다. 그런데 부모의 감정 기복이 너무 심하거나 계속 변화되는 환경을 제공한다면, 아이는 자신을 어떻게 컨트롤해야 할지 모를 정도로 정서적 불안감을 가진다.

상담을 진행한 초등 5학년 형빈이는 감정 기복이 심한 엄마를 감당할 수 없었다. 엄마가 컨디션이 나쁘고 신경이 날카로울 때 집에 들어가는 심정을 아이에게 물었더니 '귀신의 집'에 들어가는 느낌이라고 말했다. 내향형 아이에게 부모가 예측할 수 없는 부모의 감정을 설명 없이 퍼부으면 아이는 몹시 힘들어한다. 외부 자극에 예민하고 갈등을 힘들어하기 때문이다. 부모가 화가 났을 때에는 그 이유를 설명하고, 아이가 어떤 상태로 있길 바란다고 정확하게 이야기해야 한다.

아이가 편안한 마음을 가질 수 있는 환경을 조성해 주는 것도 좋다. 내향형 아이는 페이스가 상당히 느린 편이다. 꼼꼼한 데다 깊게 몰입하는 성향이 있어서 일상생활에 필요한 잡다한 일보다 자신의 관심사가 중요하다. 당연히 여러 면에서 느릴 수 있고 관심의 지표가 한정적일 수 있다. 그런데 이런 아이에게 여러 가지 일을 실수 없이 제대로, 그것도 재빨리 수행하라고 요구하는 것은 바람직하지 않다.

어린 내향형 아이는 적응 속도가 느리고, 행동하기 전에 충분히 관찰해야 하는 특성이 있으므로 유치원이나 어린이집 생활이 어려울 수 있다. 이러한 아이들을 다그치면 아이는 제 안에 자신을 숨겨버린다. 아이의 페이스를 잘 관찰하고 그 속도에 맞추어 생활 전반의 계획을 세워야 한다. 스스로 만든 울타리 안에서 아이가 여유 있게 자신의 일을 할 수 있도록 만드는 것이 중요하다. 천천히 느리게 걷기를 실천하는 부모가 되자.

일반적으로 내향형 아이들은 정서지능이 높은 경우가 많다. 내향형 아이는 섬세함과 관찰력, 정직함 등의 강점을 가지고 있다. 이러한 강점을 기반으로 규칙을 잘 지키고 예의 바르며 다른 사람에게 피해를 주지 않으려고 애쓰는 경향을 보인다. 이러한 내향형 아이에게 외향형의 기준을 제시하며 적응을 강요할 때 아이가 상처받는다.

CHAPTER 4

# 아이의 감정을
# 읽으면 강점이 보인다

# 타인의 감정에
# 공감할 줄 아는 아이

### 특별한 섬세함으로 공감한다

"제가 장난감을 치우지 않으면 누가 치우나요? 그분은 힘들지 않을까요?"

한창 놀이에 몰두하고 있던 일곱 살 성준이의 말이다. 내향적 기질을 가진 성준이는 신나게 장난감을 가지고 놀다가도 뒷정리할 타인을 걱정할 정도로 사려 깊은 모습을 보인다. 성준이처럼 내향형 아이는 특별한 섬세함을 가지고 있다. 자신의 행동이 다른 사람이나 상황에 어떤 영향을 미치는지 깊이 생각하고 움직인다. 또한 한번 정해진 규칙을 반드시 준수하려고 애쓰는 경향을 보인다.

물론 외향형 아이도 성준이와 같은 행동을 보일 때가 있다. 그러나 찬찬히 살펴보면 정말 방을 치우지 않았을 때 생길 일을 걱정하기보다 자신이 규칙을 잘 지키는 사람임을 과시하려는 의도가 더 크다는 사실을 알 수 있다.

자신이 처한 상황을 진심으로 염려하는 아이를 두고 우리는 '정서지능'이 높다고 말한다. 정서지능은 자신과 타인의 감정을 느끼고, 그 정보를 이용해 자신의 생각과 행동을 이끄는 능력을 말한다.

일반적으로 내향형 아이들은 정서지능이 높은 경우가 많다. 내향형 아이는 섬세함과 관찰력, 정직함 등의 강점을 가지고 있다. 이러한 강점을 기반으로 규칙을 잘 지키고 예의 바르며 다른 사람에게 피해를 주지 않으려고 애쓰는 경향을 보인다. 실제 많은 발달심리학자의 연구에서 내향형 아이가 양심과 정직성이 훨씬 강하고, 공감능력이 뛰어나며, 정의나 공정성, 도덕의식을 더 어린 나이에 습득한다는 사실이 입증되고 있다.

### 정서지능

정서지능(Emotional Intelligence)은 1990년 미국 예일 대학교 심리학 교수인 피터 샐로비와 뉴햄프셔 대학교 존 메이어 교수에 의해 정의되었다. 이 의미는 2000년대 이전 환경 적응의 척도로 사용되었던 IQ(Intelligence Quotient)와 비교해서 자주 사용하는 개념으로, '정서'라는 정보를 이성적으로 처리하는 능력이다. 이 정서지능은 네 가지 영역으로 나누어진다.

1. 정서인식: 자기 자신과 다른 사람의 감정을 아는 능력
2. 정서지식: 감정을 아는 것으로 끝나지 않고 이해해 자신이 느낀 감정을 표현하고 의사소통할 수 있는 능력
3. 정서활용: 감정을 관리하는 능력으로 자기감정을 다스리고, 다른 사람의 정서에도 관여할 수 있는 능력
4. 정서조절: 상황에 맞게, 또는 자신이 원하는 대로 행동할 수 있도록 감정을 이용하는 능력

정서지능은 보통 기질 30%, 환경 70% 정도의 영향으로 형성된다고 본다. 자기 통제력이 발달하는 2세부터 발달하기 시작해 만 3~5세에 급격하게 성장한다.

## 내향형 아이가
## 상처받는 이유 ★

내향형 아이는 정서지능이 높아 상당히 민감하고 사려 깊다. 이러한 내향형 아이에게 외향형의 기준을 제시하며 적응을 강요할 때 아이가 상처받는다.

부모가 걱정하는 내향형 아이의 정서적 상태는 다음과 같다. 첫째 자기 마음을 표현하지 않을 때, 둘째 남에게 상냥하고 친절

하지 않을 때, 셋째 고집이 세고 갑자기 감정을 폭발할 때, 넷째 사회적 문제가 생겼는데 적절하게 대처하지 못할 때 등이다.

이러한 상태의 아이를 본 부모는 아이에게 '자기주장을 펴지 못하고, 사회적 기술이 미숙하다'는 평가를 내린다. 아이 스스로 자신이 어떤 사람인지 알기도 전에 소극적, 수동적, 폐쇄적이라는 꼬리표를 달아버리는 것이다.

이런 피드백을 많이 받은 아이는 자기 자신에게 부정적인 감정을 갖게 되고, 사람들이 지적하는 모습 그대로 자신이 정서적 취약성을 가졌다고 규정한다. 정서적 취약성은 아이를 불안하게 만든다. 그 불안이 점점 커지면 조급함과 짜증이 늘고 타인에게 공격적인 성향을 나타낸다.

이 지점에 이르렀다면 이미 내향형 아이의 마음속에는 '다른 사람은 믿을 수 없어요'라는 좌절감과 '이렇게 힘든 마음을 왜 아무도 몰라주죠?'와 같은 원망, 억울함이 생긴 상태다. 실제로 내가 만났던 내향형 아이들은 '억울함'이 핵심 감정인 경우가 많았다. 완벽하게 준비되지 않으면 말은 나오지 않고, 여러 가지 생각이 많고, 사람들은 그걸 알아주지 않으니 억울할 수밖에 없다. 그런데도 객관적 지침만을 이야기하는 사람들을 보며, 내향형 아이는 만리장성 같은 큰 벽 앞에 서 있는 기분일 것이다. 부모는 이런 상황에서 "말을 해야 알지! 억울하면 말을 하렴"이라고 핀잔을 주지만 아이에게 이것이 그리 쉬운 일이 아니다.

사실 내향형 아이의 표현력은 상황이나 장소, 상대하는 사람에 따라 상당히 많이 달라진다. 소위 '방 안 퉁수'라고 불리기도 하는데, 익숙한 곳, 안전한 곳, 믿을 수 있는 사람과 함께 있을 때 아이의 행동이 완전히 달라진다. 내향형 아이가 놀이치료실을 처음 찾으면 치료사와의 만남을 거북하게 여긴다. 그러다가 놀이를 통해 조금씩 서로를 알게 되면 엄청난 수다쟁이가 된다. 때로는 자신이 일주일 동안 겪은 일 중 치료사와 나누기 적합한 이야깃거리를 미리 준비해오는 이야기꾼이 되기도 한다. 그뿐만 아니라 자신과 친숙해진 치료사의 입장이나 상황까지 이해하려는 상당한 공감능력을 보여준다. 다만 자기 영역에서 한 발자국도 벗어나지 않고 자기 틀을 고수하기 때문에 아무나 이 모습을 볼 수 없다는 것이 안타깝다.

### 왜 내 마음을 몰라줄까요? ★

내향형 아이의 마음속에 생긴 '억울

함'에 관해 보다 깊이 알아보자. 내향형 아이는 자기주장을 펴기 전에 어른에 의해 상황이 종료된 경험을 자주 겪는다. 즉 자신의 감정이 무엇인지 알아볼 틈도 없이 다른 사람의 언어로 자기감정이 희석되므로 억울함을 느낀다.

특히 외향적인 형제자매가 있거나 외향형 아이와 자주 만날 경우 아이의 억울한 마음은 한층 깊어진다. 자신이 말할 기회도 얻지 못하고 외향형 아이가 먼저 나서서 분위기를 제압하기 때문이다. 이런 억울한 경험을 여러 번 하면 고집이 세지기 마련이다. 실제로 많은 내향형 아이가 고집이 세다는 평가를 받는다. 고집이 센 이면에는 자기주장을 제대로 하지 못한 억울함이 깔려 있는 것이다.

희은이는 다섯 살 쌍둥이 남매 중 여자아이다. 희은이가 한번 고집을 부리면 누구도 밀리지 못했다. 익지를 부리며 말을 하지 않고 고집을 절대 꺾지 않았는데, 길거리에서 울면서까지 자기 뜻을 관철하는 행동 성향을 보였다.

엄마와 이야기를 해보니 희은이는 외할머니의 병환 때문에 거의 1년 동안 엄마와 떨어져 다른 친척들과 지냈다고 한다. 친척 어른들은 어디서나 잘 어울리는 순응형 남동생과 비교해 희은이를 상대적으로 까다로운 아이, 말 안 듣는 아이, 어두운 아이로 여겼다. 아이의 기질을 충분히 살피지 못한 어른들에 의해 마음속에 억울함이 계속 쌓인 것이다.

놀이치료 과정에서 희은이는 자신의 의견을 주장하고 싶을 때 갑자기 목소리를 높이고 짜증을 내는 행동을 보였다. 희은이에게 "무언가 하고 싶을 때는 화를 내야 다른 사람이 들어준다고 생각하는구나"라고 묻자, "맞아요. 짜증을 부리거나 엄청나게 화를 내야 들어준다니까요"라고 답했다. 희은이의 짜증은 자기 의견이 항상 묵살됐기 때문에 생긴 저만의 해결책이었던 것이다. 이렇듯 내향형 아이는 빠르게 돌아가는 세상 안에서 자기주장을 펼 시간과 기회를 부여받지 못해 고집이 생긴다.

보통 우리는 '자기주장이 강하다'와 '고집이 세다'를 같은 의미로 사용하지 않는다. 자기주장이 강하다는 표현은 어떤 상황에서 소신과 의견이 명확하다는 의미로 쓰인다. 자기주장이 강한 사람은 다른 사람과 끊임없이 소통하면서 자기 의견의 타당성을 모두에게 알리려고 노력한다.

반면, 고집이 센 사람은 타인과 소통하는 대신 자신의 의견을 반드시 관철해야겠다는 생각에 설득이나 협상에 응하지 않으려는 경향이 크다.

내향형 아이가 '고집이 세다'는 감투를 본래부터 가지고 있던

건 아니다. 앞에서 이야기했듯 조금 느린 아이의 속도가 질타의 대상이 되었던 경험으로부터 기인한 것이다. 자기주장이 타인에게 온전히 수용됐다는 느낌이 있으면 내향형 아이의 고집스러움은 사라질 수 있다.

# 내성적인 아이의
# 스트레스 해소법

## 첫 마음이
## 태도를 결정한다 ★

감수성이 뛰어나고 신경은 예민한 편인 내향형 아이는 자기감정에 휩싸이기 쉽다. 또한 상한 감정이 회복되기까지 상당히 오랜 시간이 필요하다. 기분이 언제 나아질지 알 수 없고, 말을 하지 않기로 작정하면 좀처럼 태도 변화를 보이지도 않는다.

이로 인해 내향형 아이는 자기감정을 적절하게 조절하지 못하게 된다. 상담실에서 싸움을 전혀 모르던 아이가 갑자기 과격하게 다른 아이를 공격하는 바람에 부모가 당황하는 사례를 많이 보았다. 이는 그간 쌓여 있던 분노나 억울함, 서운함, 불안 등을 한 번에 폭발하기 때문이다.

어린 내향형 아동의 부적절한 정서 표현에서 특징적인 것은 고집부리기, 말하지 않고 울기, 분노 폭발하기 등이다. 나이가 들어갈수록 이러한 감정은 스스로도 인식하지 못하는 짜증으로 나타나게 된다. 즉, 내향형 아이는 한번 세운 기준에서 벗어나기 힘든 까닭에 강도 높은 스트레스를 받는 것이다. 또한 스트레스를 표출하는 대신 그 문제에서 물러서거나 숨어버리기 때문에 부모가 살피고 보호해주기가 쉽지 않다.

스트레스 강도가 높은 내향형 아이는 긴장과 불안이 지나치게 높을 수 있다. 이들은 항상 상황을 예측해야 안심이 되고, 준비되지 않으면 위축되는 경우가 많다. 어리면 어릴수록 가지고 있는 긴장과 불안의 수준이 높은데, 인지능력과 경험적 수준이 아직 자신을 안심시키는 데 충분치 않기 때문이다.

이보다 더욱 큰 어려움은 무척 높은 긴장과 불안을 한번 경험하면 그와 유사한 경험은 모두 회피하려고 하는 것이다. 그렇기에 내향형 아이가 경험할 사회생활의 첫 단추는 매우 중요하다.

이때 부모는 빈번한 환경 변화를 지양하고, 조용한 분위기를 만들어 아이가 마음을 가라앉힐 수 있도록 도와줘야 한다. 유아기의 아이라면 재미있어 하는 놀이에 몰입하도록 해주고, 차분하게 아이가 좋아하는 시간을 마련해야 한다. 충분히 기다리면 아이는 불편했던 마음을 털어내고 자신에게 스트레스를 준 상황에 대해 이야기한다. 그렇게 일단 이야기를 시작하면 부모와 문제 해결 방안을 함께 나눌 수 있다.


## 꿈속으로
## 도망치는 아이 ★

내향형 아이는 차분하고 평화로운 감정을 유발하는 아세틸콜린이라는 신경전달물질에 민감하게 반응한다고 이미 밝힌 바 있다. 따라서 내향인은 난처한 상황이 일어나면 불필요한 갈등을 피하려고 뒤로 물러선다. 내향인의 이러한 특성은 정작 중요한 결정을 내리거나 자기주장을 펼쳐야 할 때조차 일단 상황을 살피게 만든다. 문제 해결이 어려울 것 같으면 숨어버리기도 한다. 내향형 청소년들과 이야기하면 대부분 스트레스가 쌓일 때 '잔다'고 말한다. 이처럼 회피 전략은 내향인에게 가장 익숙하고 잘 맞는 전략이다.

그러나 모든 문제가 뒤로 물러서거나 피한다고 해결되는 것은 아니다. 회피하면 할수록 자존감이 떨어지고, 그 일에 대한 두려움은 커지는 법이다. 나이가 먹어도 마찬가지다. 어릴 때처럼 힘이나 경험이 없어서가 아니라, 한번 회피한 경험 외에 새로운 상황에 직면할 용기와 지혜가 없다고 여기는 것이다. 거절을 못하는 사람은 나이가 들어도 거절이 어려운 것처럼 말이다.

내향형 아이의 회피 전략을 적절한 문제 해결력으로 전환하기 위해서는 좋은 모델링을 통해 '가능성'을 보여줘야 한다. 여러 가지 창의적 대안을 보고 연습해봄으로써 '나도 할 수 있네!'라는 안도감과 성취감을 심어주는 것이 중요하다.

마트에서 계산원과 마찰이 생겼을 때를 예로 들어보자. 엄마가 먼저 포기하고 뒤에 가서 불평하거나 공격적으로 상대를 다그치는 대신, 끝까지 자신의 입장을 설명하는 모습을 보이면 아이는 '갈등 없이도 자기 생각을 말할 수 있구나'라고 느낄 것이다. 이는 간접 경험이지만 좋은 사회적 성공 경험이 될 수 있다.

# 스스로를 보호하며
# 관계 맺기

### 눈과 귀, 등까지
### 열려 있는 아이 ★

내향형 아이는 주위 상황을 꿰뚫고 있다. 어른들끼리 이야기하는 일의 내용이나 집안 돌아가는 형편을 잘 안다. 그러나 안다고 내색하지 않는다. 자신이 참여하지 않는 상태에서도 다른 사람들이 하는 말을 다 듣고, 보이는 것 역시 세심하게 놓치지 않는다. 그러나 그것이 자신이 개입할 일이 아니라고 생각하면 전혀 아는 척을 하지 않는다.

예를 들어 집안에 일이 생겼을 때 어른들은 아이가 그 일을 알고 있다는 사실 자체도 모른다. 몇 개월 혹은 몇 년이 지난 후에 "그때 엄마가 이렇게 말했잖아"라고 하면서 아이가 불쑥 이야기를 꺼내면, 부모는 그때서야 아이의 관찰력과 기억력에 깜짝 놀란다. 아마 내향적 아이를 키우고 있는 부모라면 한 번쯤 경험해봤을 것이다.

학교에서도 이런 상황은 마찬가지다. 새 학기가 되어 낯선 교실에 들어간 내향형 아이는 외향형 아이와 마찬가지로 다른 아이들에게 관심이 많다. 그래서 1번부터 끝 번호까지 이름을 전부 외운다거나 모든 아이들과 대화를 나누려고 시도하기도 한다. 이처럼 주변을 다 살펴 정황을 알고 있는데도, 막상 누가 물어보면 자신은 아직 아는 애가 없다고 이야기한다. 또한 친구들이 어떤 놀이를 좋아하는지 잘 알면서도 그것에 개입하지는 않는다. 이런 특성 탓에 내향형 아이는 외부에 관심이 없는 자기몰두적인 아이로 오해받는 것이다.

**같이 놀지만
친구는 아니다** ★

초등학교에 갓 입학한 아이에게 친구

를 많이 사귀었냐고 질문해보자. 외향형 아이는 마치 자신의 반 아이들 모두가 제 친구인 것처럼 말한다. 실제로 이 아이에게 '아는 아이는 모두 친구'라는 개념이 있는 것이다. 반면 내향형 아이는 학기가 거의 끝나갈 무렵에도 친구가 있냐는 질문에 "글쎄요"라든지, "그냥 노는 아이들은 있지만 친구는 없어요"라고 답한다.

내향형 아이는 아주 어렸을 때부터 놀던 친구를 그리워하고, 반이 바뀌고 환경이 변해도 자신과 잘 맞는 옛 친구만을 생각한다. 그래서 내향형 아이에게는 정말 잘 통하는 친구가 반드시 필요하다. 자기 흥에 겨워 너무 시끄럽거나 자신의 영역을 느닷없이 침범하는 아이가 아니라, 관심사가 같고 함께 조용히 놀 수 있는 대상이 좋다.

내향형 아이에게 "어떤 친구와 같은 반이 되지 않았으면 좋겠니?"라고 질문하면 거의 대부분 "나대는 아이, 시끄러운 아이, 조폭 같은 아이"라고 대답한다. 그런데 간혹 내향형 아이가 기질이 센 아이들이나, 누구하고도 잘 어울리며 학급에서 주목받고 인기 있는 외향형 아이를 좋아하는 경우가 있다. 이 아이들과 놀면 재미있기 때문이다. 그렇지만 이런 성향의 아이들과는 오래 놀지 못한다. 외향형 아이의 에너지를 따라가지 못할 뿐 아니라,

자신과 다르게 급진하는 외향형 친구와 자꾸 비교하게 되어 불편한 관계가 될 가능성이 높은 탓이다. 또한 느닷없이 자신의 영역을 침범하고 함부로 대한다는 느낌 때문에 다툼이 일어날 수도 있다.

이 때문에 내향형 아이는 주로 자신과 비슷한 아이들을 찾는다. 그리고 일단 자신의 친구가 되면 정말 그 아이의 코드를 이해하고 맞춰주려 애쓴다. 친구와 오래 함께하기 위해 세심하게 상대를 대한다. 내향적인 어른에게 학창시절의 친구관계에 대해 질문해보라. 거의 "친구가 많진 않았지만, 깊게 오래 사귄 아이들은 몇몇 있어요. 지금도 만나고 있는걸요"라고 대답하는 경우가 많다.

## 타인의 평가에 민감한 아이 ★

내향형 아이는 다른 사람의 비판이나 지적을 싫어한다. 비판이나 지적에 초연할 사람은 별로 없지만, 내향형 아이는 그냥 지나쳐도 될 피드백조차 유별나게 받아들이며 신경을 곤두세운다. 유아기에도 이런 성향을 보이는 것으로 보아, 내향형 아이는 기질적으로 타인의 평가에 유난히 민감하다는 것을 알 수 있다. 외부의 문제를 맞닥뜨렸을 때도 자기에게서 원인을 찾는 자기 성찰능력이 뛰어나다. 자신이 이미 잘못했다고 느끼는 상황에서 다른 사람이 그 일을 거론하면 비판과 지적이 되어버린다.

비눗방울 놀이를 하던 내향형 유아가 비누액을 쏟은 모습을 본 적이 있다. 아이는 바닥에 쏟아진 비누액으로 비눗방울을 만들려고 시도했다. 그때 누군가가 "바닥에 쏟아진 비눗방울은 사용할 수 없네"와 같은 중립적 이야기를 했더니 아이는 바로 "나도 알거든요"라고 짜증을 냈다. 이미 자신의 잘못을 알고 상대를 신경 쓰고 있었다는 증거다. 유연성이 있다면 "되나, 안 되나 한번 보려고요"라든지 "이거 쏟아졌는데 괜찮아요?"와 같이 소통하거나 자신을 변호할 수도 있다. 그러나 내향형 아이는 이미 비누액을 쏟은 실수에 스스로를 비판하고 있는 상태이므로 유연하게 반응하기 힘들다.

방어하는 아이의 태도가 상대에게 좋게 보일 리 없다. 반성하지 않고 사과할 줄 모르는 아이라고 비춰질 수 있다. 그러나 면밀하게 보면 이 아이는 이미 자기 실수를 누구보다 잘 깨닫고 있다. 이 경우 그 행동이나 자세를 지적하기보다 "네가 이미 알고 있다는 걸 알아. 좀 더 잘하려면 어떻게 해야 할까?"라고 말하는 게 좋다. 아이를 비판이나 지적에서 안전하게 보호하고, 새로운 대안을 찾아 더 적합한 행동을 하도록 돕는 것이다. 그러면 내향형 아이는 자신을 보호하는 부모나 성인을 신뢰하면서 적극적으로 새로운 행동 방향을 모색할 수 있다.

# 마음을 여는 대화
# vs. 마음을 닫는 대화

## 내향형 아이가
## 소통하는 법 ★

내향형 아이들의 대화에는 여러 가지 특징이 있다. 첫 번째 특징은 주제가 없으면 대화 연결이 잘 되지 않는다는 점이다. 주제 없이 그저 잡담하는 것을 별로 좋아하지 않는다는 의미이기도 하고, 주제 없는 이야기를 어떻게 풀어나가야 하는지 잘 모른다는 말이기도 하다. 아주 어린 내향형 아이와 공룡 이야기를 하다가 갑자기 유치원 이야기를 물어보면 "우린 지금 공룡 이야기를 하고 있었는데요"라고 하면서 주제로 다시 돌아오길 원한다. 자기가 원하는 주제를 말할 때는 웅변하듯이 자신의 의견을 말하지만, 자신이 원하지 않는 주제나 모르는 주제를 말할 때는 뭐라고 말하는지 모를 정도로 작게 대답하거나 모른 척하기도 한다.

이러한 특성이 부모가 답답해하는 지점이다. 자신의 궁금증이나 관심 사항 외에 상대가 궁금한 것도 있기 마련인데, 아이가 관심을 통 돌리지 않는 것처럼 보이기 때문이다. 하지만 이는 부모의 오해다. 내향형 아이가 다른 사람의 이야기를 무시하는 일은 거의 없다. 다 듣고 있지만 어떻게 자기 의견을 정리하고 개입해야 할지 모르기 때문에 입을 닫고 있다는 점을 이해해야 한다.

두 번째 특징은 질문을 받은 경우 자기 의견이나 답을 말하는 데 상당한 시간이 걸린다는 점이다. 내향형 아이는 생각을 아주 오래 하는 편이기 때문이다. 아마 내향형 아이를 상대하는 사람이 성미가 급한 외향형 부모나 교사라면 이 시간을 기다리지 못해 답을 다그치거나 이미 다른 질문으로 넘어갈 공산이 크다.

아이는 중요한 선택을 해야 하거나 생각을 많이 필요로 할 때 스스로 마음 정리가 안 되면 한 발자국도 움직이지 않는다. 짧게는 몇 시간, 길게는 몇 달 정도를 기다려야 할지도 모른다. 질문을 한 부모는 이미 까맣게 잊었더라도, 아이는 지속적으로 생각중이다. 다만 그 대답을 하기가 어려울 뿐이다.

또한 내향형 아이는 자신의 생각만큼이나 다른 사람의 생각을 궁금해한다. 상담실에서 만난 다섯 살 남자아이 원준이는 나와 자동차 놀이를 즐겨 한다. 원준이는 많은 자동차 중 두 대를 고르고, 나에게도 고르라고 한다. 그러고는 왜 그걸 골랐는지 물어보고, 자기 또한 왜 그 자동차를 골랐는지 말하기를 좋아한다. 외향형 아이가 온전히 자기 호기심에서 비롯한 이야기로 대화의 꽃을 피운다면, 내향형 아이는 자기가 상대하고 있는 사람이 저와 같은 의견인지 아닌지를 보다 중요하게 여긴다.


## 은유와 비유가
## 아이의 마음을 연다 ★

내향형 아이는 상징과 은유를 많이 사용하며 깊은 대화를 좋아한다. 사람들은 내향형 아이가 단순하고 간단한 질문을 선호한다고 오해한다. 하지만 이는 아이에게 "네" "아니오"와 같이 짧은 대답을 끌어낼 뿐 깊은 대화를 이어가지는 못한다. 내향형 아이와 자연스럽게 대화하려면 직접적인 표현을 하면서도, 아이가 당황하지 않게 충분히 숨을 여지를 주는 방법이 좋다. 자기 마음을 직접적으로 보이기 꺼리는 아이의 특성을 충분히 고려해야 한다.

이때 사용할 수 있는 방법이 상징적이고 은유적으로 이야기하는 것이다. 예를 들어 분노조절이 안 되는 초등 2학년 아이에게 "넌 화를 참을 수 없니?" "그런 일에 왜 그렇게 화가 났어?" 등 직접적으로 질문하면 아이는 그 상황을 피하려 한다. 하지만 비유적인 표현을 사용해 질문하면 구체적인 대답이 돌아온다.

"네가 화났을 때 느낌이 어때? 온몸에 불이 붙은 느낌이야?"

"아니요, 그보다 더 심해요. 지구 핵 중심에 있는 느낌이랄까?"

"아, 그렇구나. 너로서는 정말 어쩔 수 없을 정도로 압도당하는 느낌이겠다. 그래서 그렇게 많이 힘들었구나. 너무 뜨거우니 북극이나 남극으로 가야 하는데 갈 수 있는 방법이 있을까?"

"북극이나 남극까지는 모르겠고, 툰드라 지역까지는 가본 적 있어요."

이런 식으로 의미와 개념을 구체적으로 설명하지 않아도 적절하게 자기 상태와 느낌을 표현하며 대화를 나눌 수 있다. 감정 노출을 싫어하는 내향형 아이에게는 보다 안전한 방법이기에 아이는 이런 식의 대화를 좋아한다.

결국 내향형 아이와의 대화는 많이 기다려주고, 공감해주며,

가벼운 신변잡기보다는 핵심 주제를 가지고 서로의 의견과 생각을 나누는 것이 효과적이다.

## 원하지 않으면
## 소통하지 않는다 ★

내향형 아이의 부모가 괴로워하고 걱정하는 일 중 또 하나는 아이가 무슨 일이 생겨도 말하지 않는다는 점이다. 아이는 학교에서 어떤 일이 있었는지, 아이들과 왜 싸웠는지, 무엇 때문에 선생님에게 지적받았는지 말하지 않는다. 매번 다른 사람을 통해서 들어야 하니 부모의 걱정과 답답함이 커진다. 나아가 아이를 적절하게 보호하지 못하거나 올바르게 가르치지 못할까 봐 두렵기도 하다.

특히 외향형 부모는 말을 하지 않는 아이를 견딜 수 없다. 내향형 아들을 키우고 있는 한 외향형 엄마에게 아이를 키우는 동안 어려웠던 일에 대해 이야기해보라고 한 적 있다. 그녀는 아이가 다른 사람의 질문을 못 알아들으면 입을 꾹 다물어버리고, 사실 확인이 필요한 일에도 응답하지 않으니 정말 답답한 노릇이라고 말했다.

이처럼 내향형 아이는 문제의 해답이 이미 정해져 있다고 생각하거나, 상대가 알면 상황이 더 복잡해질 것이라고 염려할 때는 감정을 표현하지 않는다. 의사소통을 '필요 없는 일', '도움이 안 되는 일'로 규정해버리는 것이다. 아이는 자신이 대답하지 않으면, 자신이 동의하지 않고 있음을 타인이 인정할 것이라고 생각한다. 그것이 내향형 아이의 입장에서는 표현일 수 있다. 아이에게 어떤 이야기를 했을 때 반응하지 않으면 그냥 넘어가는 것도 좋다. 말하지 않아도 아이는 '난 그것을 받아들일 생각이 없어요'라고 표현하고 있기 때문이다.

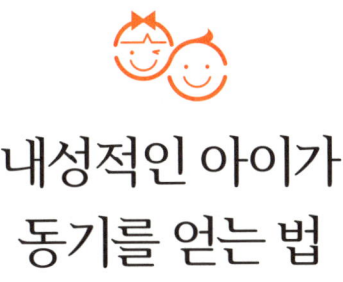

# 내성적인 아이가
# 동기를 얻는 법

**싫어하는 일을
피하기 위해 움직인다** ⭐

내향형 아이는 겉으로 보기에 에너지가 상당히 적어 보인다. 한자리에서 자신이 몰두하는 일에 집중하거나 혼자 노는 것을 좋아하므로 그렇게 보이는 것이다. 하지만 사실 외향형 아이에 비해 에너지가 적은 것도, 활동적이지 않은 것도 아니다. 다만 이들은 힘을 쓰는 방향이 다른 것뿐이다.

외향형 아이는 자신이 원하는 것을 밖으로 찾아다닌다. 탐색 욕구가 강한 것이다. 이와 달리 내향형 아이는 자기가 싫어하는 일을 피하기 위해 혹은 에너지가 지나치게 한곳에 편중되는 불균형을 해소하기 위해 행동한다. 즉 외향형 아이는 '목표 지향적', 내향형 아이는 '회피 지향적'이라고 말할 수 있다. 목표 지향적이란 원하는 것이 중심이 되어 그를 얻기 위해 자기 행동의 방향을 이끈다는 의미이고, 회피 지향적이라는 것은 자기가 원하지 않는 일이 일어나지 않게 하기 위한 방향으로 에너지를 쓴다는 뜻이다.

예를 들어보자. 아이가 싫어하는 숙제를 하도록 동기를 유발할 때 외향형 아이는 컴퓨터 게임, 로봇 등 평소 아이가 원하는 것들 중 하나를 보상으로 준다고 하면 동기가 유발된다. 반면 내향형 아이는 그 숙제를 하지 않았을 때 갖게 되는 불이익을 일깨워주는 것이 유리하다. 다시 말해 외향형 아이는 '하고 싶은 것'에 비중을 둔다면 내향형 아이는 '해야 할 것'을 고려해 자기 행동을 결정한다.

그렇다고 해서 내향형 아이에게 하고 싶은 일이 없는 것은 아니다. 또한 목표가 의미 없는 것도 절대 아니다. 외향형 아이만큼 '하고 싶다'가 많지도, 자주 변화하지도 않을 뿐이다. 이러한 행동 양태는 세상에 적응하는 자기 나름의 방식이다.

우리 모두 외향적 에너지가 많이 사용되는 서양식 가치관에 따라 살고 있기 때문에, 회피 지향적 특성이 소극적이거나 수동적으로 느껴질 수 있다. 하지만 회피 지향적 특성 역시 목표 지향적인 특성 못지않게 자기 과업을 실질적이고 현실적으로 수행해나간다.

언젠가 공부를 싫어하는 초등 2학년 남자아이 기훈이를 상담한 적 있다. 기훈이는 엄마가 시험 점수가 오르면 용돈을 올려주겠다고 말해도 관심을 보이지 않았다. 용돈을 더 받고 싶은 마음보다 공부를 하기 싫은 마음이 더 컸기 때문이다. 그러던 어느 날 엄마가 공부를 잘하면 훗날 커서 군인이 됐을 때 좀 더 편한 부대로 갈 수 있다는 이야기를 해줬다. 아이에게 현실적 상황을 말해주는 게 낫겠다고 판단한 것이다. 그 이야기는 기훈이에게 상당히 중요하게 인식됐고, 기훈이는 열심히 공부하기 시작했다.

이처럼 내향형 아이는 자기 나름의 타당성과 합리성이 있을 때 동기가 유발된다. 그러므로 이들에게는 행동 이전에 그것이 얼마나 필요한 일인지 설명하는 것이 중요하다.

## 통제 가능한 환경에서 용기가 솟아난다 ★

내향형 아이는 자신이 상황을 컨트롤하고 있다고 믿는 '통제감'을 아주 중요하게 생각한다. 통제감은 친숙한 장소, 익숙한 환경, 자신을 믿어주는 사람, 그리고 자기 방식으로 자신의 이야기나 행동을 펼칠 수 있는 환경에서 생긴다.

보통 내향형 아이의 부모는 아이가 왜 집에서 활동하는 것의 반만큼도 밖에서는 할 수 없는지 무척 안타까워한다. 그 이유는 아이가 충분히 자신을 드러내도 좋다는 안정감이 없어 동기부여가 되지 않기 때문이다. 내향형 아이가 적절한 장소와 타이밍에 동기부여가 되려면 다음과 같은 몇 가지 조건이 있어야 한다.

첫째, 내향형 아이는 부모와 긴밀한 애착관계를 갖길 원하며 그 안에서 자유로워야 한다. 다양한 외부 자극을 원하는 외향형 아이와 달리 내향형 아이는 중요한 사람과의 관계에 기대 수준이 높고, 이에 집중한다. 그렇기에 내향형 아이에게 부모나 형제와의 애착은 무엇보다 중요하다.

둘째, 자신을 인정해주는 것을 가장 중요하게 여기지만 의미 없이 칭찬하거나 지지하는 것을 좋아하지 않는다. 몇 시간 동안 깊이 에너지를 쏟아 완성한 작품을 대수롭지 않게 여기는 환경에서 아이는 큰 좌절감을 느낀다. 오히려 자신의 작품에서 스스로도 알지 못했던 새로운 모습을 근거 있게 칭찬해줄 때 상대를 신뢰하며 만족감을 느낀다. 동시에 아이는 근원적으로 동기를 얻는다.

야구 보드게임을 예로 들어보자. 단순히 점수를 내려는 것에만 집중하는 게 아니라, 시합을 잘할 수 있는 원리를 이해하려 하거나 나름의 전략을 세우는 아이의 모습을 칭찬해보라. 그다음 시합에서는 아이가 더 과학적이고 효율적인 전략을 찾아내려고 애쓰는 모습을 볼 수 있을 것이다. 외향형 아이가 칭찬 자체에 관심이 있다면, 내향형 아이는 칭찬의 내용에 관심을 가진다.

셋째, 아이의 타고난 기질을 인정해주고 그 기질에 맞게 이끌어주는 환경에서 동기부여가 된다. 낯선 상황을 유난히 싫어하는 초등 1학년 아영이가 방학 때 병원 체험을 간 적이 있다. 선생님도, 실험 상황도, 친구들도 모두 낯선 이 장소에서 아영이는 긴장해 아무런 행동을 하지 못했다. 그러나 그 체험 학습의 담당 선생님은 아이가 반응하지 않는 것을 지적하지 않고, 준비가 되면 친구들 옆에 앉을 수 있다고만 이야기했다. 아영이는 오전 시간 내내 뒷자리에서 아이들이 하는 것을 지켜보다가 오후 시간에는 가장 뒷좌석의 모임에 들어갈 수 있었다. 이렇게 천천히 적응할 수 있도록 기다려주면 내향형 아이는 안심하며 스스로 동기를 촉진할 수 있다.

## 관심사와 연결하면
## 동기가 풍요로워진다 ★

내향형 아이와 대화하다 보면 가끔 무시당하는 느낌이 들 때가 있다. 아이가 별 반응을 보이지 않기 때문이다. 여러 가지 이유 중 하나는 자기가 관심 없는 주제에 대해서는 대답하고 싶지 않기 때문이다. 이처럼 내향형 아이는 가벼운 대화조차도 흥미가 없으면 쉽사리 끼어들지도, 아는 척하지도 않는다. 그래서 자기 관심사가 아닌 주제에 대해서는 "몰라요" "아니요" "글쎄요" 수준의 단답으로 대화를 차단하는 경우가 다반사다. 이들에게는 어떤 활동이든 의미와 목적, 혹은 관심과 흥미가 중요하다. 아이가 어릴 때는 어떤 일에 의미와 목적을 부여하는 내적 동기가 형성될 만큼 성숙한 시점이 아니다. 그러므로 결국 이들의 동기를 끌어내기 위해서는 '관심'과 '흥미'에 초점을 맞추어야 한다.

상당히 예민해서 타인에게 자기가 수행하는 것들을 보여주기 싫어하는 초등 1학년 남자아이 형석이가 내게 찾아온 적 있다. 형석이는 발표를 한다거나 자신의 의견을 이야기하는 데 엄청난 거부감을 갖고 있었기에 학교에서 선생님의 지적을 자주 받았다. 그렇지만 자신이 좋아하는 자동차 설계도나 자동차 디자인 그림

등은 남들에게 기꺼이 보여줬다. 그뿐만 아니다. 다른 사람이 자신의 이야기에 관심을 조금이라도 보이면 그때부터 알고 있는 자동차 지식을 모두 늘어놓으며 자랑하길 원했다. 바로 자신의 관심사이기 때문이다.

모든 아이가 자기 관심사에 관한 활동을 즐긴다. 외향형 아이는 관심사가 자주 바뀌기도 하고 그 관심사와 상관없는 것에 대해서도 짧게나마 호기심을 보인다. 반면 내향형 아이는 자기 관심사에 대해 거의 전문가 수준으로 몰입하고 즐기는 경향을 갖고 있다. 이 때문에 내향형 아이의 관심사를 알아주는 것은 동기 수준을 끌어올리는 데 상당한 영향을 준다.

아이가 역사 공부에 전혀 관심이 없다면, 그 아이의 관심사와 역사 공부를 연결하면 된다. 예를 들어 아이가 탱크나 총과 같은 무기에 관심이 있다고 해보자. 아이가 탱크와 총에 대한 호기심이 왕성해졌을 때 그 무기들이 쓰였던 전쟁에 대해 소개하자. 또한 그 전쟁에 얽혀 있는 나라 이름과 역사 등으로 학습 영역을 점차 확대해보자. 아이는 역사를 누구보다 재미있게 공부할 것이다.

# 감정이 건강한 아이가
# 학습도 잘한다

**내향형 아이에게
즐거움이 중요한 이유** ★

　　　　　　　　　　아이들은 모두 놀이를 좋아한다. 내향형 아이도 예외는 아니다. 내향형이든 외향형이든 아이들은 본능적으로 가지는 활력과 에너지를 놀이에서 충분히 사용한다. 그 때문에 놀이를 할 때만큼은 어떤 아이든 몰입하고 즐거워한다. 그럼에도 불구하고 부모는 종종 내향형 아이가 다른 아이와 어울리지 못한다고 상담한다. 함께 놀다가 혼자 겉돌고, 무리에서 빠지는 모습을 자주 보인다고 말한다.

부모는 아이가 다른 아이들과 어울리는 방법을 알지 못하거나, 혹은 혼자 노는 것을 좋아해서 겉돈다고 여긴다. 그러나 사실은 아이가 즐거워하는 놀이를 다른 아이들이 하지 않기 때문에 그 무리에서 빠지는 것이다. 외향형 아이는 노는 것 자체가 좋고 신나기에 놀이의 종류가 무엇이든 크게 상관없다. 반면 내향형 아이에게는 어떤 놀이를 하느냐가 매우 중요하다. 상대와 공감대를 형성하고 같이 즐겁게 놀 수 있는 연결고리가 필요하다. 내향형 아이에게 놀이 취향이 잘 맞는 친구가 있다면 하루 종일 무리 없이 잘 놀 것이다.

이렇게 놀이 하나를 선택하는 데도 내향형 아이는 진지하다. 이 진지함은 긍정적인 측면도 있지만 아이의 고집스러움이나 폐쇄성, 고립을 유발할 수도 있다. 그래서 부모는 아이가 상황에 맞게 유연해질 수 있도록 이끌어야 한다. 이 점에서 내향형 아이에게 놀이는 매우 중요하다.

놀이는 사람을 가볍고 유쾌하게 만든다. 내향형 아이가 놀이를 시작하기까지는 오래 걸리지만, 일단 놀이를 시작하면 반응이 달라진다. 놀이 안에서는 대화도 잘 하고, 평소 혼잣말처럼 하던 역할놀이를 상대와 함께 즐기기도 한다. 에너지와 활력도 높아진다. 중요한 것은 놀이를 통해 아이가 주고받는 경험이다. 즐겁게 놀이하는 동안 아이는 다른 사람의 입장을 이해하며 안전한 사회적 경험을 해볼 수 있다. 조심성이 많은 내향형 아이에게 놀이만큼 안전한 간접 경험은 없다.

아이들과 놀이를 하면 일상에서 보지 못했던 여러 행동이 나온다. 경훈이는 평소 차분하고 조심스러운 행동을 주로 보이는 일곱 살 남자아이다. 그런데 경훈이는 놀이치료실에 오면 나와 함께 늘 격투나 모험이 가득 찬 놀이를 한다. 어떤 남자아이든 이 연령에는 강한 영웅이 되고 싶은 법이다. 외향형 아이가 이런 욕구를 실제 친구들에게 여러 가지 형태로 해소한다면, 규칙이나 사회적 기준이 더 중요한 내향형 아이는 놀이에서 이를 해소할 수 있다.

## 놀이에 감정이입하는 아이 ★

놀이는 아이에게 더욱 깊고 넓게 생각할 기회를 준다. 사실 일상에서 아이의 호기심을 자극하고 어떤 상황에 대해 성찰할 기회를 주기란 쉽지 않다. 내향형 아이는 근원적으로 창의적 아이디어를 내는 것을 좋아한다. 적절한 질문이 주어지면 궁리 끝에 창의적인 아이디어와 자기만의 전략을 제시한다. 놀이는 그 근원적 속성을 발휘할 수 있는 창구로써, 아이가 상상하고 고안하게 만든다.

똑같은 보드게임을 해도 외향형 아이는 이기는 일이나 재미에 관심이 많다면, 내향형 아이는 그 게임의 원리에 관심이 많다. 또 효과적인 전략을 찾아내고, 그 전략에 이름을 붙이기도 한다. 나에게 상담받던 여덟 살 남자아이는 어떤 게임을 해도 자신만의 필살기를 찾아내고, '우주 바이러스', '흐르기 전법', '회오리 찬스' 등과 같은 이름을 붙였다. 그를 격려해주면 더욱 신나서 보다 복잡한 전략의 가능성을 계속 찾아냈다.

내향형 아이가 놀이에서 긍정적인 효과를 얻으려면 되도록 일대일의 상황을 만들어주는 게 좋다. 사실 모든 아이는 또래 집단과의 놀이만큼 성인과의 일대일 놀이 상황이 필요하다. 아이는 놀이를 통해 타협, 협상, 갈등, 해소, 화해, 해결 등 사회생활의 축소판을 경험하기 때문이다. 자신의 말을 잘 경청하고 답해주는 어른을 통해 스스로의 모습을 인식할 수 있고, 좋은 사회적 모델을 배울 수 있다. 아이는 상대가 자기 '의식의 흐름'을 따라오고 그에게서 격려, 인정, 칭찬을 받는 것에 큰 의미를 둔다. 따라서 학습이나 놀이 모두 일대일 상황에서 진행하는 게 좋다. 특히 일대일 관계에서 발생하는 유대감은 아이의 집중력을 끌어올려 최적의 학습과 놀이 효과를 이룬다.

물론 집단 놀이나 학습도 아이에게 필요한 경험이지만, 지나치게 소란스럽거나 산만한 환경은 대단히 자극적일 수 있다. 그럴 경우 몰입을 방해해 아이를 더욱 예민하게 만든다.

### 호기심은
### 학습능력을 최대화한다 ★

내향형 아이는 무엇이든 시작하면 손에서 잘 놓지 않는다. 재미있는 게임은 수십 번 반복하고, 레고를 한번 만지기 시작하면 완성될 때까지 반복해 끝내 완성하고야 마는 끈기를 가지고 있다. 이는 효율적인 학습을 위한 엄청난 강점이다. 이 강점을 어떻게 활용할 수 있을까?

아이가 학습에 몰두하게 하려면 호기심을 최대한 확대해야 한다. 이때 주제에 집중하게 하는 '강력한 질문'이 효과적이다. 여기서 말하는 강력한 질문이란 아이가 생각하지 못한 부분을 호기심으로 변환할 수 있도록 돕는 기술이다. 예를 들어 아이가 자동차를 보면서 "이 차는 사이드미러가 없어요. 다른 차하고 그게 다른 점이에요"라고 눈에 보이는 현상만 말했다. 그러면 부모는 "그래, 그런 특별한 차도 있구나. 근데 사이드미러가 없으면 어떤 문제가 생길까?" "이 차는 다른 차의 사이드미러가 하는 일을 어떻게 보완했을까?" 등의 질문으로 의문을 품도록 이끈다. 그리고 아이가 스스로 그 의문점들을 해결할 수 있도록 도와야 한다.

내향형 아이는 자신의 관심 분야에 파고드는 질문을 즐기고, 그 질문의 답을 찾기 위한 열정을 보인다. 즉 수많은 표면적인 질문보다 하나라도 더 깊게, 자신이 알지 못하는 새로운 지식에 눈 뜨게 하는 질문을 해야 한다.

**스텝 바이 스텝!** ★

내향형 아이는 해야 할 일이나 보고 느껴야 할 것이 너무 많으면 설사 자신이 좋아하는 것이라도 압도되는 경향이 있다. 그래서 아이의 흥미를 계속 유지하기 위해서는 한 단계 한 단계 천천히 익숙해지도록 이끌어야 한다. 다양한 환경을 경험하게 해주고 싶은 욕심이 있더라도 아이가 충분히 적응할 때까지 잦은 변화를 주어서는 안 된다. 유아기의 아이라면 장난감조차 최소화하는 게 좋다. 학교에 다닐 때에도 학습량이나 숙제가 너무 많으면 아이가 스트레스를 크게 받다가, 심하면 아예 체념할 수 있다.

아이가 많은 숙제량에 압도됐다면 조금씩 나누어 수행할 수 있도록 도와주자. 또한 시험을 앞두고 겁부터 낸다면 시험 범위 중 이미 알고 있는 부분을 상기시킨 후 아직 공부하지 못한 부분에 집중하게 하라. 큰 덩어리에 곧바로 접근하는 것이 아니라 작은 덩어리로 나눠서 하나하나 처리할 수 있도록 돕는 것이다. 이를 심리학적 용어로 '청크 다운(chunk down)'이라고 한다. 여기에서 청크란 두툼한 덩어리, 큰 덩어리를 의미한다. 큰 덩어리를 다운, 즉 작은 양으로 잘게 나눈다는 뜻이다. 목표를 청크 다운 한다는 말은 큰 목표를 작은 목표로 분할한다는 의미다. 이렇게 하면 당장 할 수 있는 작은 과제에 집중할 수 있고, 하나하나의 과제에 성취감을 가질 수 있다.

아이가 선생님이 내준 숙제를 오늘 안에 다 할 수 없다고 불평하면 어떻게 할까? 이때 부모는 아이가 이미 부담스러운 일에 압도되어 아무것도 할 수 없는 상태임을 알아차려야 한다. 일단 아이의 마음을 충분히 헤아려준 다음, "그 많은 숙제 중 30분 내에 마칠 수 있는 숙제 두 가지만 골라본다면?" "어떤 숙제가 없어지면 오늘 내에 가능할까?" 등으로 큰 덩어리의 숙제를 가볍게 만

[그림3] 청크 다운

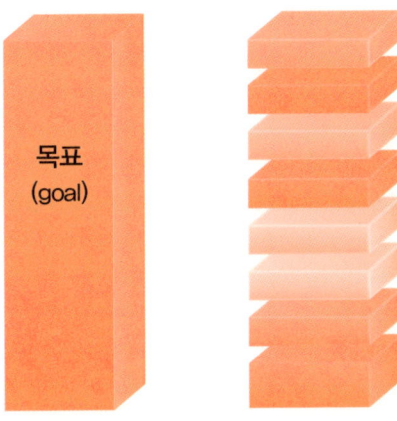

들어주자. 그 후 조금씩 쪼개어 시간을 배분할 수 있도록 하는 질문이 필요하다. 불안이나 부담감은 해결할 일이 너무 크고 막연해서 생긴다. 이를 해소하기 위해서 내향형 아이의 기질에 맞게 목표를 안정적이고 구체적으로 만들어주는 작업이 필요하다.

## 멍석이 깔려야 능력을 발휘한다 ★

내향형 아이는 말할 분위기가 형성되지 않으면 자기 생각을 말하지 않는 까닭에 항상 자신이 손해 본다는 느낌을 가질 수 있다. 자기도 잘 알고 있는 질문에 먼저 대답하지 못해 다른 아이가 칭찬받고, 잘할 수 있는 일도 머뭇거리다 보면 기회를 놓친다. 이런 상황이 반복되면 아이 스스로도 안타까워한다. 경쟁이나 비교를 즐기진 않지만, 잘하고 싶은 욕구는 강하기 때문이다. 그러나 기질상 완벽하지 않은 것에 손들기는 어렵고, 더군다나 주목받는 것이 불편해 자신의 능력을 보여주기가 쉽지 않다.

이런 상황에서 과연 유치원이나 학교 환경은 내향형 아이들에게 공평할까? 그들에게는 시간을 더 주고, 기회를 부여하며, 그 안에서 능력을 발휘하게 도와주는 학교 환경과 수업 방식이 필요하지 않을까? 만약 내향형 아이의 기질을 고려하는 선생님이라면 수업 시간에 아이에게 즉각적인 대답을 요구하지 않을 것이다. 어떤 문제를 주고 자기 생각을 먼저 쓰게 한 다음, 돌아가면서 발표하는 상황을 유도하는 등의 배려로 그들이 자신의 능력을 발휘하도록 도울 수 있다.

### [표4] 내향성과 외향성의 성향 비교

| 성향 | 내향성 | 외향성 |
| --- | --- | --- |
| 대화의 특성 | 말소리가 부드럽다. 개념이 중요하기 때문에 자신의 생각을 잘 표현하는 올바른 표현을 생각한다. 그 탓에 말이 느릴 수 있다. 보통 말수가 없는 편이지만 안전한 상황에서는 수다스러워진다. | 목소리와 행동, 표정이 큰 편이다. 타인과 상관없이 자신이 하고 싶은 말을 쏟아낸다. 잘 반응해주면 자신이 할 수 있는 능력 이상으로 이야기를 해낼 수 있다. 또한 말하는 사람이 있으면 바로 가서 개입하곤 한다. 그러나 상대의 말이 길어지거나 수준이 깊어지면 관심이 떨어져 그 대화에서 빠지는 경향이 있다. |
| 대인관계 특성 | 새로운 상황을 다소 부담스러워한다. 낯선 사람에게 천천히 접근하는 편이고, 많은 사람을 사귀기보다 한두 명의 절친한 친구를 가지는 것을 좋아한다. | 대부분의 사람을 친구로 생각하고 더 많은 사람을 사귀길 원한다. 혼자 있는 시간을 못 견디고 계속 심심하다며 불평한다. |
| 학습 특성 | 어떤 상황이든 먼저 행동하지 않고 충분히 관찰한 후 시도한다. 흥미 없는 것에 대해서는 무관심하다. | 새로운 것, 자극적인 것에 호기심이 강하다. 하나를 집중적으로 탐구하기보다 새로운 것에 관심 이동이 잦다. |

내향형 아이는 외향형 아이에 비해 주변의 시선을 끌고 칭찬받을 기회가 적다. 겉으로 표현하는 부분이 상대적으로 적기 때문이다. 그러므로 이들의 자존감을 키우기 위해서는 보다 섬세한 시선으로 그들의 눈빛, 표정, 움직임 하나까지 거울처럼 비춰주는 양육이 필요하다.

CHAPTER 5

# 한 걸음 더 성장하는
# 실전 코칭 기술

# 자존감은 부모의 태도로
# 만들어진다

### 외향형 아이와 내향형 아이의 자존감은 다르다 ★

보통 상담실에 오는 내향형 아이의 공통적인 문제는 자존감이 낮다는 것이다. 자존감이란 "난 소중해"와 같은 자기 존중의 마음과 "난 할 수 있어"와 같은 자기 유능감이 결합되어 나타난다. 내향형 아이가 낯선 환경에 적응하면서 가지는 위축감, 두려움, 완벽주의, 주저하는 태도 등은 그들의 자존감이 낮다고 평가받는 원인이 된다.

아이 스스로도 자존감이 낮다고 생각하는 경우가 많다. "저요,

저요" 하며 자신을 돋보이려고 하는 다른 아이들과 달리 고개를 떨구는 스스로를 보면서, 선생님이 새로운 일을 제안할 때면 언제나 주저하는 스스로를 보면서 자신감이 없다고 생각하기 쉽다. 친구들은 자기 것도 아닌 물건을 빌려달라는 말을 아무렇게나 하는데, 자신은 자기 것을 마음대로 가져가는 아이들에게 싫다는 말조차 못한다면 '나는 힘이 없구나', '부족하구나'라고 느낄 수밖에 없다.

어쩌면 이 대목이 내향형 아이를 키우는 부모의 가장 큰 걱정일 것이다. 부모는 아이에게 더 적극적으로 행동하라고 요구한다. "더 강해지면 된다" "뭔가 네가 잘하는 것이 있으면 된다" "당하지 말고 그들과 똑같이 해도 된다"라고 하면서 아이가 세고 강한 면모를 갖추길 바라는 것이다. 그러나 이런 요구를 받는 내향형 아이는 자신감이 더욱 없어지고, 스스로를 초라하게 느끼게 된다.

이런 접근으로는 내향형 아이의 자존감을 키울 수 없다. 이 관점에는 내향형 아이가 가지고 있는 특성이 유약하고 뒤떨어졌다고 치부하는 생각이 포함되어 있기 때문이다. 내향형 아이의 자존감을 향상시키기 위해서는 세고, 강하고, 크고, 신속하고, 잘 나서며, 주장이 강한 것이 곧 자존감이 높은 것이라는 기준을 버려야 한다.

부모가 먼저 내향형 아이의 강점을 인정하자. 내향형 아이의 자존감은 조용하고, 차분하고, 부드럽고, 지혜롭고, 함께 협력하며, 잘 견딜 수 있는 힘에서 나온다. 소리치지 않아도 자기주장을 펼칠 수 있고, 강요하지 않아도 친구들이 따르게 할 수 있으며, 자기 나름대로 타당성과 소신을 가지고 말해야 하는 상황에서 나직이 자기 입장을 설명할 힘을 발휘한다. 이것이 자존감 높은 내향형 아이의 강점이다.

### 내향인의 행복 특성

내향인의 행복감은 외향인의 행복감과 구별된다. 심리학자 아가일에 따르면 외향인의 행복감은 "시끄럽고 흥분된 사건을 즐기는 사람의 고도로 각성된 행복감"인 반면, 내향인의 행복감은 "조용하고 한적한 즐거움을 느끼는 고요한 행복감"이라고 정의한다. 즉 행복감이나 정서적 건강성, 심리학적 정의 자체가 외향인과 내향인이 다르게 규정되어야 한다는 의미다.

그것을 같은 기준으로 놓고 측정하면 사회적 기준이나 문화적 측면에서 한쪽으로 치우친 평가를 내릴 수 있다. 예를 들어 기민하고 활동적인 외향인의 특성이 보다 높게 평가되면 내향인의 특성은 문제시될 수 있다. 「행복한 내향인의 특성」이라는 논문(박지수, 2015)에 의하면 행복한 내향인은 자존감, 통제감, 낙관성, 정서적 안정감이 높고, 외부 자극에 대해 부정적 정서보다는 긍정적 정서를 많이 느낀다.

## 아이를 비추는 거울이 되자 ★

앞서 이야기했듯 자존감이란 "난 할 수 있어"와 "난 소중해"라는 개념의 복합체다. 이 두 가지 개념을 얼마나 충분히 가지는가가 아이의 자존감 형성에 절대적 영향을 미친다.

양육 과정을 한번 돌아보자. 아이가 '내가 할 거야!'라는 말을 몇 살 때 시작하는가? 아마 엘리베이터에서, 현관에서, 처음 가보는 놀이터에서 하지도 못할 것을 해보겠다며 우기는 아이의 모습이 떠오를 것이다. 보통 만 2세에서 3세에 이런 모습이 나타난다. 이때 '나'라는 개념이 생겨나기 때문이다.

이렇게 '나'라는 인식이 생겨난 이후 아이는 타인이 자신을 어떤 감정으로 바라보는지 느끼고, 이를 통해 스스로를 인식한다. 마치 거울에 비춰보듯 다른 사람을 통해 자신의 소중함과 가치를 느끼는 것이다. 그렇기 때문에 정서적으로 지지받은 아이들이 높은 자존감을 가지고, 반대로 자신의 모습에 부정적 평가를 많이 받은 아이들은 부정적 자존감을 가지게 된다.

내향형 아이는 외향형 아이에 비해 주변의 시선을 끌고 칭찬받을 기회가 적다. 겉으로 표현하는 부분이 상대적으로 적기 때문이다. 그러므로 이들의 자존감을 키우기 위해서는 보다 섬세한 시선으로 그들의 눈빛, 표정, 움직임 하나까지 거울처럼 비춰주는 양육이 필요하다. "이것 좀 더 해봐"가 아니라 "그걸 해냈어?"로, "그렇게 하는 것이 아니고"가 아니라 "뜻대로 잘 안 되는구나. 어떻게 하면 좋을까?"라고 이야기해보자. 내향형 아이의 높은 자존감 형성을 위해서는 비판이나 부정적 평가 없이 아이를 있는 그대로 비추는 거울 같은 양육 방식이 좋다. 이는 아이의 높은 자존감 형성에 결정적 힘이 된다. 따라서 아이는 자기 행동에 신뢰를 갖고 적극적인 태도를 가지게 된다.

## 실패를 두려워하면 도전하지 못한다 ★

"그건 안 해본 건데…" "잘 못하는데…" 내향형 아이가 처음 해보는 일을 할 때 주로 하는 말이다. 내향형 아이는 처음 가는 곳은 가지 않으려 하고, 남들 앞에서 처음 하는 일은 시도하지 않으려는 특성이 있다. 실패를 굉장히 무서워하기 때문이다. 자신이 한 일을 오랫동안 곱씹는 아이의 특성상 실패는 불쾌하고 짜증나며 자신을 좌절시키는 괴물 같은 존재다. 그러므로 실패를 줄이기 위해서 함부로 시도하지 않는 것이다.

그런데 대중적 공간이나 집단 활동에서 자신만 시도하지 못하는 일이 반복되면 어떨까. 아이는 자신의 능력을 과소평가하고 스스로를 자책하게 된다. 놀이동산에 소풍을 간 초등 3학년 남자 아이를 만난 적이 있다. 아이는 무서운 놀이기구를 타지 못하고, 친구들이 타는 것을 바라볼 수밖에 없는 자신을 한탄했다. 자신은 용기 없는 사람이며 그런 자신을 모든 사람이 비난할 것이라고 울면서 하소연했다. 그렇게까지 속상하면 한번 시도라도 해보면 좋을 텐데, 실패했을 경우 더 바보 같은 사람이 될까 봐 두려웠던 것이다.

이런 경험은 내향형 아이의 기억 속에 오랫동안 남는다. 또한 경험을 일반화하며 자신을 폄하하는 하나의 평가 기준으로 사용하기 쉽다. 그래서 자신이 하는 일에 더욱 완벽을 기하고, 완벽하지 않으면 하지 않는 편이 낫다는 확신을 가진다.

이런 마음이 커지면 커질수록 아이의 자존감은 낮아진다. 남과 비교하는 마음, 실패를 두려워하는 마음은 내향형 아이에게 치명적일 수 있다.

### 자존감과 자존심은 어떻게 다를까?

자존감은 '자기 스스로를 인정하고 자신의 가치를 존중하며 사랑하는 마음'이자, '할 수 있다고 믿는 자신감'이라고 정의할 수 있다. 반면 우리가 생활에서 흔히 사용하는 자존심은 비교의식과 우월의식에 근거한 열등감이다. 왜냐하면 자존심이란 비교와 경쟁의식에서 자신이 다른 사람에게 뒤처지거나 무시당한다고 느낄 때 생기는 감정이기 때문이다.

보통 자신을 제대로 보호하지 못할 때 "넌 자존심도 없니?"라고 말하지만 사실 이는 잘못된 표현이다. 자기를 지키는 능력은 자존심이 아니라 자존감이다.

#### 새로운 게임을 접했을 때
자존심: "나 이거 잘해요. 난 못하는 게 없어요."
자존감: "재미있겠다. 해보고 싶어요."

#### 어떤 일을 못했다고 생각할 때
자존심: "나 원래 이거 잘하는데… 이 문제가 이상해서 잘 풀 수 없었어요."
자존감: "이건 평소 내가 풀던 문제와 다르네요. 어떻게 하면 되죠?"

#### 발표회를 앞두고
자존심: "실수하면 어떡하지? 친구들 앞에서 망신당하는 게 제일 싫어."
자존감: "열심히 연습했으니 잘할 수 있을 거예요."

## 약이 되는 칭찬
## VS. 독이 되는 칭찬 ★

자존감을 높이는 가장 효과적인 방법은 아이를 있는 그대로 인정하는 것이다. 부모는 아이가 어릴 때부터 많은 칭찬과 격려를 한다.

"아유, 우리 민영이가 이런 것도 할 줄 알아? 정말 대단하네"

"우리 규진이는 과학자가 될 것 같아. 어떻게 이런 걸 발견했어?"

어쩌면 평생 받을 칭찬을 유아 때 다 받을 만큼 아이들을 자주 칭찬한다.

흔히들 많은 칭찬을 받은 아이일수록 자존감이 높을 거라고 말한다. 그런데 반대로 너무 많은 칭찬을 받은 아이일수록 자존감이 떨어지는 현상을 종종 본다. 그 이유는 무엇일까? 어른들이 아이에게 하는 말이 '약이 되는 칭찬'이 아니라 '독이 되는 칭찬'이기 때문이다.

약이 되는 칭찬과 독이 되는 칭찬은 어떻게 구별할까? 아이가 수행한 결과가 아닌 과정을 살펴주고, 드러난 행동보다 아이의 동기와 의도를 읽어주며, 아이에게 성인 수준의 결과물을 기대하지 않는 것이 약이 되는 칭찬이다. 독이 되는 칭찬은 당연히 이와 반대다. 조건과 결과가 항상 존재하는 칭찬이 문제다. 독이 되는 칭찬 속에는 "말을 잘 들어서 착해" "혼자 잘 해서 기특해" "100점이네, 잘했어"와 같이 결과와 조건이 동시에 존재한다. 만약 그 조건이 충족되지 않으면 '칭찬받을 만한 존재'가 되지 못하는 것이다. 이런 칭찬은 아이를 긴장하게 하고, 비교 평가하게 만들며, 자책의 근원을 만든다. 점차 자존감이 떨어지는 것이다.

## 아이의 자존감을 높이는 '인정' 기술 ★

특히 기대를 포함하는 칭찬은 아이를 긴장하게 만든다. 내향형 아이가 점점 더 완벽주의에 빠지게 되는 원인이기도 하다. 어른들은 칭찬이라고 한 말인데, 아이는 '부담스러운 기대'로 받아들이는 아이러니에 주목해야 한다.

그렇다면 올바른 인정 방법은 무엇일까?

첫째, 구체적 근거가 있어야 한다. 내향형 아이는 다른 사람의 의도를 살피고 관찰하는 경향이 있다. 그렇기에 칭찬할 때도 구체적 증거를 알려주면 기꺼이 그 칭찬을 받아들일 수 있다.

둘째, 드러난 행동보다는 그 행동의 의도와 동기를 함께 알아주는 것이 중요하다. 엄마가 식사를 준비하는 동안 동생을 잘 데리고 논 첫째 아이를 예로 들어보자. "오늘 지훈이가 동생이랑 잘 놀아주네"로 끝내는 것보다 "지훈이가 바쁜 엄마를 도와주고 싶었구나. 동생과 다른 때보다 훨씬 잘 놀아주었네"와 같이 그 아이의 의도까지 짚어주는 인정이 아이의 자존감을 높인다.

셋째, 부모가 원하는 조건이나 기대를 칭찬에 포함시키지 말아야 한다. 진지한 내향형 아이는 부모가 무심코 말한 조건이나 기대를 기정사실로 받아들일 경향이 크다. 그림을 잘 그린 아이에게 "어쩌면 이렇게 그림을 잘 그리니? 넌 아마도 화가가 될 것 같아"와 같은 칭찬은 좋지 않다. 칭찬에 현재보다 높은 수준을 바라는 부모의 기대가 포함됐기 때문이다. 그보다 "이번 그림은 어떤 부분이 특별한지 볼까? 그림에 정말 다양한 색깔을 사용했구나!"처럼 그 상황 그대로를 인정하는 태도가 필요하다.

넷째, 아이가 하는 행동 하나하나를 눈여겨보고 그것에 의미를 부여하자. 보통 일상적인 일이나 당연한 일에는 별다른 칭찬을 하지 않는다. 그러나 자기가 별 뜻 없이 한 행동에 특별한 의미를 붙여준다면 아이는 자기 행동의 가치를 생각하며 존재감을 확대해나갈 것이다. 신발 신기에 서툰 다섯 살 아이가 열심히 신발을 신으려고 한다면 "마음먹은 대로 안 되는데도 혼자서 해보려고 애쓰는구나"와 같이 아이의 행동에 의미를 부여해보자. 아이는 스스로 노력하면, 그 노력이 곧 좋은 반응으로 이어진다는 사실을 체득하게 된다.

# 아이가 주체가 되는
# 건강한 사회성 기르기

**친구 사귀는 일은
쉽지 않다** ⭐

내향형 아이는 혼자가 되는 것을 두려워한다. 그들은 신학기가 되면 항상 자신이 아는 친구가 같은 반에 있길 원한다. 낯선 아이들 사이에 있는 것이 두렵고, 모르는 아이에게 먼저 말을 거는 일이 매우 불편하기 때문이다.

이런 상황에서 아이에게 "네가 먼저 다가가봐"라든지, "그냥 어울리다 보면 친구가 된단다"와 같은 말로 친구 사귀는 일이 무척 당연하고 누구나 할 수 있는 일이라고 조언하는 것은 도움되지 않는다. "넌 관찰을 잘하니까 친하게 지내고 싶은 친구나 너와 관심거리가 같은 친구를 찾아봐. 그 아이도 네가 말을 걸어주기를 원할 거야"라고 하면서 아이의 강점을 이용해 동기를 유발하는 것이 좋다. 자신감이 생기면 내향형 아이도 다른 아이들에게 다가가는 속도가 빨라질 수 있기 때문이다.

조용히 견디는 힘을 발휘하도록 돕는 것도 친구관계를 넓히는 좋은 방법이다. "빨리 친구를 사귈 필요는 없어. 조용히 지켜보다 보면 네 마음에 드는 아이를 발견할 수 있을 거야"라며 아이에게 친구가 없다는 사실에 조바심을 갖지 않도록 한다.

친구를 만들 수 있는 공통의 활동을 제안하는 것도 좋다. 공통 활동이나 주제 없이 다른 사람과 교류하는 것을 어려워하는 만큼, 같은 관심사나 화제를 나눌 수 있도록 돕는 것이다.

내가 만난 초등 6학년 진우는 지나치게 내향적이어서 학급에서는 단짝 외에 거의 친구가 없었다. 그런데 진우는 낚시에 심취해 있었고, 인터넷 낚시 동아리의 형이나 동료들과는 엄청난 유대감을 보였다. 그들과의 정기 모임에 빠진 적이 없고, 나이는 어리지만 동아리 총무 역할을 하는 등 자신의 열정을 다할 수 있는 곳에서는 친구관계를 잘 유지했다. 이렇게 한 가지 주제에 심취하면 뛰어난 몰입력을 발휘하는 것 역시 내향형 아이들에게서 흔히 볼 수 있는 모습이다.

## 아이의 선택이 가장 중요하다 ★

내향형 아이들과 이야기하다 보면 자신이 원하는 일을 하는 것보다 객관적 상황을 중요하게 여긴다는 것을 알 수 있다. '나는 별로 하고 싶지 않았지만 친구가 부탁해서 했다', '친구의 장난이 불편했지만 선생님에게 혼날까 봐 말하지 못했다', '다른 아이들이 어떻게 생각할지 몰라서 내가 원하는 놀이를 제안하지 못했다'와 같은 경험담이 줄을 잇는다. 이처럼 내향형 아이는 항상 타인의 입장을 먼저 생각하는 경향이 있기 때문에, '내가 대인관계의 주도권을 갖고 있다'고 여기도록 도와주는 게 바람직하다.

내향형 아이는 어려운 상황 앞에서 자기 행동을 최소화한다. 구체적인 사례를 들어보자. 친한 친구라도 집으로 초대하는 건 싫다는 동현이에게 그 이유를 물었다. 동현이는 친구들이 자기 물건을 함부로 만지는 것이 싫고, 집에 온 친구가 물건을 만지면 자기는 말리지도 못하고 어쩔 수 없이 견뎌야 하는 상황이 싫다고 말했다.

이럴 때 아이에게 원하지 않는 일은 거절할 수 있음을 알려줘야 한다. 거절하느냐 하지 않느냐 하는 문제는 바로 자기 자신의 선택에 달려 있음을 깨닫게 하는 것이 중요하다. 어떤 관계든 주도권은 자신이 가지고 있다고 아이가 인식해야 한다. 조금 더 어린아이라면 저보다 한두 살 아래 친구들과 놀게 하는 것도 좋다. 자신이 놀이를 주도하고, 안전하게 자기 욕구를 표현하는 데 성공하면서 자기 주도권이 무엇인지 알게 되는 좋은 경험이 될 것이다. 또한 너무 거칠거나 활력이 높고 주도성이 큰 친구는 내향형 아이를 위축되게 만들기 때문에 서로 성향이 비슷한 친구를 만나는 것이 좋다.

## 열린 마음과 받아들이는 마음 ★

내향형 아이들의 사회성 향상을 위해 가장 필요한 일은 무엇일까. 그들이 사회와 사람들에게 열린 마음을 갖게 도와주는 것이다. 별다른 방어 없이 주위 상황에 관심을 갖고(개방성), 부정적인 판단 없이 받아들이는 마음(수용성)이 필요하다. 내향형 아이들은 경계심이 높아서 쉽지 않을 수 있다. 하지만 아이가 모든 사람과 스스럼없이 지내고 작은 것도 함께 나누며 기뻐할 수 있도록 돕는다면, 아이의 사회적 경험 폭은 상당히 넓어질 것이다.

개방성과 수용성을 가지기 위한 핵심요소는 무엇일까? 바로 신뢰와 안정이다. 자신이 온전히 받아들여졌던 경험, 누군가로부터 인정받은 경험이 있다면 내향형 아이라도 아주 적극적이고 개방적으로 대인관계를 맺는다. 또한 불안하고 위축된 아이, 혹은 세상을 향해 화가 난 아이라도 자신의 진정성을 알아주는 사람이 있으면 타인과의 신뢰를 회복할 수 있다.

스스로 자신은 거짓말을 잘한다고 말하는 초등 2학년 지영이는 "나는 나쁜 일을 나도 모르게 하고, 그래서 매 맞을 만한 사람"이라고 말한다. 얼핏 보면 잘못된 행동을 인정하고 반성하는 것 같다. 하지만 지영이가 진짜 이야기하고 싶은 것은 "나를 나쁜 사람이라고 말하는 세상이 미워요, 사람들이 미워요"일 것이다. 사실 '나쁜 사람'이라는 말은 세상이 자신을 매 맞을 만큼 나쁘다고 규정하고 있다는 생각에 자포자기하는 심정으로 뱉는 말이다.

자신을 나쁜 사람이라고 규정하는 것은 누구에게나 끔찍한 경험이다. 아이의 긍정적 의도는 모른 채 계속 "그래, 다음부터는 그러지 마"라고 하면 지영이는 끝까지 거짓말을 잘하는 나쁜 아이로 남게 된다.

"거짓말은 누구나 할 수 있어. 그 상황이 얼마나 무서웠으면 그러겠어. 그때는 네가 다른 방법을 찾을 수 없었을 거야. 그건 실수였을 뿐이야. 거짓말이 아닌 다른 방법으로 네가 원하는 것을 충분히 해볼 수 있어"와 같은 말로 아이의 진정성을 알아주었을 때 아이는 세상을 향해 차츰 마음을 연다.

요컨대 개방성이나 수용성을 높이기 위해서는 내향형 아이가 가장 원하는 신뢰와 안정, 진정성을 느끼게 하는 것이 좋다. 부모는 일상에서 아이의 말을 적극적으로 경청하고 아이가 표현하지 않는 감정과 의도까지 파악해야 한다. 그래야 아이는 부모가 자신을 믿고 있음을 확신할 수 있다.

### 긍정적 의도를 알아주는 대화 기술 ★

아이의 감정과 의도를 파악할 때 핵심은 "왜 그랬어?"가 아니라 "무엇을 원하니?"로 접근하는 것이다. '왜 그랬어?'는 아이들에게 변명을 유발하고, 자신을 믿지 못한다는 인상을 심어줄 수밖에 없다. 그러나 '무엇을 원하니?'라는 질문은 자기 행동 안에 있는 본질적인 의도를 깨닫고, 자신의 욕구를 충족할 긍정적 방법을 모색하도록 도와준다. 특히 말하지 않아도 자기 마음을 알아주길 바라는 어린 내향적 아이는 이 질문 하나만으로 세상은 믿을 만하다는 안정감을 얻을 수 있다. 구체적인 대화 상황을 알아보자. 다음은 아이 마음을 알아주지 않는 대화의 예다.

엄마: 이거 누가 깨뜨린 거야?

아이: ….

엄마: 네가 한 것은 아니지? 말을 해봐. 누가 한 거야?

아이: 내가 한 거 아니에요.

엄마: 그러니까 누가 한 건지 말해야지. 그럼 누가 그런 거야?

아이: 몰라요.

아이들의 긍정적 의도를 알아주는 좋은 대화는 다음과 같다.

엄마: 이거 누가 깨뜨린 거야?

아이: ….

엄마: 말하기 어렵구나. 네가 했든 그렇지 않든 깨뜨린 사람을 엄마가 혼낼까 봐 무섭구나?

아이: …(고개만 끄덕거림).

엄마: 알겠어. 엄마는 혼낼 생각보다 어떻게 된 일인지 알고 싶을 뿐이야. 네가 괜찮을 때 말해줘.

내향형 아이의 억울함, 표현되지 않은 이면의 마음을 알아주기 위해서는 아이가 그 행동을 한 동기와 목적을 이해하고 공감해 주는 것이 중요하다. 부모가 아이의 의도를 긍정할 때, 아이는 세상과 자신이 통해 있고 신뢰할 수 있으며 다른 사람이 자기 가치를 알아준다고 느낀다.

# 당당하게 의견을 말하는 아이가 소통도 잘한다

**협력과 주장의 균형** ★

근원적으로 협력의 아이콘이자 평화주의자인 내향형 아이는 어떤 상황에서든 자기 목소리를 높이지 않는다. 그보다는 뒤로 물러나 추이를 관찰하면서 그 상황에 자기를 맞추려는 경향이 있다. 자신이 꼭 원하는 것이 아니더라도 특별히 싫지 않으면 가능한 한 맞추고, 자신이 조금 손해 보더라도 시끄러워질 것 같으면 입을 다무는 경우가 많다. 이런 행동 양태를 갖다 보니 사람들과 겪는 갈등, 거절, 협상 등에서 자기주장을 적절하게 하지 못한다.

내향형 아이가 자기주장 능력을 적절하게 키우면 과도하게 예민해지거나 위축되는 것을 방지할 수 있다. 또한 자기주장 능력은 아이의 억울한 감정을 버릴 수 있는 유용한 사회적 기술이다. 먼저 아이에게 자기주장을 하지 못했던 상황을 충분히 듣고, 그때 느꼈던 감정과 의도, 입장 등을 표현할 수 있도록 도와야 한다.

충분히 표현한 이후에는 다른 사람이 자신의 모습을 어떻게 바라볼지 객관적 관점을 가지게 해야 한다. 필요하다면 역할놀이를 통해 다른 사람의 관점을 충분히 탐색하도록 한다. 이를 통해 아이가 불편한 감정에서 벗어났다면, 상대를 공격하거나 마음 상하지 않게 하면서 자신의 감정을 표현하도록 훈련한다. 이때 부모가 다양한 역할을 하며 아이의 좋은 롤모델이 되어야 한다.

다음은 내향형 아이가 당당하게 자기 의견을 주장하도록 이끄는 훈련법이다. 자기주장이 서툰 내향형 아이에게는 이 3단계 방법을 반복해서 연습하도록 하자. 이를 통해 자연스럽게 자기주장 능력이 향상될 것이다.

### 당당하게 자기 의견을 주장하는 방법

**1단계: 자기 의견을 주장하는 것은 타인과 갈등을 빚는 일이 아님을 인식한다.**
상대의 생각을 중요시하는 내향형 아이는 상대가 기분 나빠할까 봐 자기주장을 하지 못한다.
"친구가 '네가 갑자기 아무런 말없이 내 물건을 가져가서 놀랐어'라고 이야기했어. 그럴 때 네 기분이 상하거나, 친구와 싸우고 싶은 마음이 들 것 같니?"
"아니요."
"상대도 마찬가지야. 네가 너의 기분을 말한다고 해서 속상해하거나 불쾌해하지 않아."

**2단계: 심호흡과 좋은 생각으로 감정을 털어낸다.**
나쁜 감정을 바로 전환할 수 없는 내향형 아이에게 꼭 필요한 방법이다.
"기분이 나쁘거나 속상할 때 바로 입을 열면 어떤 말부터 나올까?"
"짜증내고 소리 지르게 돼요."
"맞아. 그런 마음을 털어내야 상대방에게 쓸데없는 화를 내지 않게 된단다. 어떻게 털어낼 수 있을까?"
"다른 생각을 하면 돼요."
"화난 상황에서 다른 생각을 하는 건 어려울 텐데, 어떤 생각을 하면 속상한 마음이 사라질까?"
"내가 자주 하는 기분 좋은 상상…."
"그래. 그 방법도 좋고, 생각이 떠오르지 않을 때는 심호흡을 하는 것도 좋은 방법이야. 숨을 들이쉬었다, 내쉬었다 열 번을 반복하는 거지. 지금 한번 해볼까?"

**3단계: 주장할 때 상대를 공격하지 않고 자기 입장만 이야기하는 방법을 알려준다.**
"'너 때문에 내가 불편하거든!'이라는 말을 들으면 기분이 어때?"
"나빠요."
"그럼 불편하다는 말을 어떻게 표현하면 좋을까?"
"난 없어진 줄 알고 깜짝 놀랐어."
"그래. 정말 좋은 방법이네."

## 갈등은 피한다고
## 없어지지 않는다 ★

　　　　　　내향형 아이에게는 갈등 해결이 가장 어렵다. 갈등은 곧 스트레스이기 때문에 갈등이 생길 일을 아예 만들지 않는 것이 이들의 전략이다. 내향형 아이는 유치원에서 친구가 자신의 장난감을 가져가려고 하면 그냥 뺏기고 뒤로 물러서고 만다. 이런 아이를 부모나 선생님은 상당히 답답하게 여긴다.

　아이들 사이에 다툼이 생겼을 때도 마찬가지다. 선생님이나 부모가 진위 여부를 알고 싶어 설명을 요구할 때, 외향형 아이는 자기 입장에서 이 상황을 설명하느라 정신이 없다. 하지만 내향형 아이는 그냥 입을 닫아버린다. 상대의 입장을 예측해 배려하는 내향적 특성 때문이기도 하고, 그 상황을 지속할수록 불편한 마음이 커지므로 피하고 싶은 것이다. 이들은 갈등을 만드느니 피하는 편이 훨씬 낫다고 생각한다.

　내향형 아이 중에서도 좌뇌형은 이런 갈등 상황을 무시하고, 우뇌형은 너무 예민해져서 위축되거나 자기 안으로 침잠한다. 일반적으로 좌뇌형은 논리적인 사고가 발달해 이성적이다. 따라서 자신의 행동에 이득이 없다고 생각될 때 그 상황을 무시하는 것으로 회피한다. 반면 감성적이고 직관력이 뛰어난 우뇌형은 빨리 상황을 파악하지만, 감정 표현이 두려우므로 아무 반응 없이 자기 안으로 숨는다.

이는 둘 다 적절한 방법이 아니다. 전자의 경우 아이에게 억울함이 남고, 친구들이 볼 때에는 건방져 보이기 때문에 공격의 대상이 될 수 있다. 또한 후자의 경우 늘 자신이 피해자가 된 느낌을 갖게 돼 자존감이 떨어지고 사회적 상황에 대한 두려움이 커진다.

## 나 자신을
## 보호하는 방법 ★

이렇듯 내향형 아이들의 방식으로는 스스로를 보호할 수 없다. 그러므로 갈등을 적절하게 해결할 방법을 아이가 충분히 연습해야 한다. 타인의 입장만 배려하다 보면 자신은 늘 억울함을 느끼고 상대를 나쁜 사람으로 인식하게 된다. 보통 내향형 아이는 상대방이 자기 멋대로 하는 행위, 자신을 괴롭히는 행위, 사실이 아닌 것을 진실처럼 왜곡하는 행위로 인해 갈등을 빚는다. 참고 참다가 한 번에 터뜨리는 것보다, 기분이 좋지 않거나 침해받았다고 느낄 때 즉각적으로 표현하는 법을 가르쳐야 한다. 구체적인 방법은 다음과 같다.

첫째, 화날 때 무조건 참는 것은 바람직한 일이 아님을 알려야 한다. 이를 풍선에 비유해보자.

"조금씩 조금씩 분노의 풍선이 차오르고 있어. 풍선 크기보다 더 많은 분노 바람이 들어가면 어떻게 될까?"

"펑 터지겠죠."

"그래, 갑자기 펑 터뜨리지 않으려면?"

"바람을 조금 뺐다, 넣었다 반복해요."

"그래, 그거야. 네가 너무 참게 되면 네 마음속에 있는 분노 풍선이 터져버려. 그럼 풍선은 아예 못 쓰게 되겠지? 터지기 전에 바람을 좀 빼줘야 하잖아. 분노의 바람을 조금씩 넣었다 뺐다 하면 풍선을 아주 오래 쓸 수 있어."

마냥 참는 것보다 자기감정을 표현하는 게 옳음을 알려주는 효과적인 방법이다.

둘째, 자기만의 감정 표현 방법을 연습하게 한다.

"네가 원하지 않는 일을 친구가 할 때 '하지 마, 계속하면 기분이 나빠져. 조심했으면 좋겠어' 등 할 수 있는 말이 많은데, 어떤 말이 하기 쉽겠어?"

어떤 표현이든 아이가 충분히 말할 수 있는 언어를 찾아내는 것이 중요하다. 무엇이든 말하도록 기회를 주자. 내향형 아이는 표현 방법을 잘 알고 있지만, 실천에 옮기는 것이 힘들다. 부모처럼 안정감을 주는 성인과 함께 충분히 연습해야 한다. 연습을 통해 이러한 표현이 얼마나 안전한지, 표현하고 난 뒤 자신이 감정이 어떻게 바뀌는지 알게 될 것이다.

셋째, 자신의 영향력에서 벗어난 부분은 적극적으로 도움을 받도록 한다. 내향형 아이는 다른 친구의 괴롭힘에 대해 이렇게 말한다.

"내가 하지 말라고 해도 계속 해요."

"말해도 소용없어요."

내향형 아이는 대항했을 때 상대가 반응하지 않으면 자기 방법이 통하지 않는다고 느낀다.

"남을 괴롭히는 일은 좋은 일이 아니야. 만약 친구가 네 말을 듣지 않으면 선생님께 말해도 좋아."

"네가 말해야 다른 사람들이 너의 입장을 알 수 있어."

이렇게 아이가 주변 자원을 적극적으로 활용하도록 도와주자.

보통 어린아이들은 선생님이 고자질하는 것을 싫어한다든지, 선생님에게 말하면 친구들이 더 심하게 괴롭힌다는 이야기를 자주 한다. 언제나 주변을 살피고 예측하는 것이 몸에 밴 내향형 아이에게는 당연한 이야기일 수 있다. 자기를 적극적으로 보호하는 일에 다른 사람의 힘을 빌리는 것은 비겁한 게 아니라 누구에게나 필요한 일임을 알게 하자.

# 공감이 아이의 마음을
# 건강하게 한다

### 공감의 첫 단계는
### '듣기'

몇 년 전 상담실에 찾아온 지민이는 주위 사람들이 자기 말을 이해하지 못한다고 하소연했다. 선생님과 부모님이 자기 이야기를 끝까지 들어주지 않고, 자기들 마음대로 생각한다는 것이다. 심지어 자기를 오해하기도 하고 혼내는 일도 많다고 했다. 그래서 지민이는 어른들과 이야기하기 싫고, 자꾸 눈물만 난다고 했다. 오랫동안 이런 일을 겪어온 지민이는 학교에서 '울보'라는 별명을 가지고 있었다. 난처한 상황이 되면 말은 하지 않고 눈물만 흘리기 때문이다.

함께 대화를 나누며, 지민이는 제 마음을 공감해준 이가 단 한 사람도 없다고 여긴다는 사실을 알게 되었다. 어른들은 자기 이야기를 듣기 전에 규칙부터 이야기하고 언제나 잘못을 지적하기 때문에 말해봤자 소용없다고 했다. 결국 지민이는 표현력을 아예 잃게 되어 적절하지 못한 방법으로 자기감정을 표출하게 된 것이다.

내향형 아이는 예민한 감각으로 다른 사람의 상황을 정확히 파악한다. 하지만 워낙 표현하는 바가 없고 마음의 문을 쉽게 열지 않기에, 자기중심적으로 보이거나 다른 사람의 상황은 전혀 고려하지 않는 것처럼 보인다. 예민한 건 분명하지만, 아직 어리기에 민감성이 덜 발달된 것이다.

예민성은 외부에서 들어오는 모든 자극에 대한 감각적 수용이 높은 것을 말하고, 민감성은 그 예민한 감각을 바탕으로 타인이나 상황에 대한 공감능력까지 갖춘 것을 의미한다. 지민이는 민감성까지 갖추기엔 너무 어려서 자기중심적으로 보일 수밖에 없었다. 매우 섬세한 기질을 가진 아이인데, 그 마음을 알아주지 않으니 서운하고 억울했던 것이다.

## 아이 중심적
## 대화 방법 ★

　　　　　　　어린 내향형 아이의 감각적 예민성을 민감성으로 바꾸기 위한 일차적 방법은 자기 수용 경험이다. 자신의 마음이 타인에게 공감받았다고 느끼면 아이는 기꺼이 다른 사람을 수용할 능력을 키운다. 일반적인 공감은 상대방이 말하는 내용과 그 안에 있는 감정(느낌)을 충분히 알아주는 것이다. 내향형 아이를 위한 공감 기술에서 고려해야 할 것은 철저히 내향형 아이의 관점에 서 있어야 한다는 점이다. 물론 공감이란 본래 특성 자체가 '상대중심(You-centered)'이지만 내향형 아이를 공감할 때는 훨씬 더 철저히 그들의 입장이 되어야 한다.

　만약 객관적이어야 한다는 명목으로 내향형 아이에게 상황을 설명하려 한다면 아이는 귀를 닫아버릴 것이다. 또한 아이가 현재 느끼는 감정을 자꾸 다른 쪽으로 전환하려 하거나 별일 아니라는 것으로 축소하려 한다면, 배신감을 느끼고 짜증을 낼 것이다.

　내향형 아이는 자기감정을 느끼고 해소하는 데 시간이 많이 걸린다. 그러므로 충분히 기다려주는 것이 필요하다. 아이가 감정적일 때 이유를 말하라고 다그치거나, 빨리 감정을 전환시키려고 한다면 아이와의 정서 교류는 실패할 것이다. 감정이 어느 정도

가라앉은 후 느낌이 어땠는지, 어떻게 되길 원했는지 물으며 아이의 마음을 충분히 들어주자.

이때 아이가 자기감정을 마음껏 표현할 수 있는 장을 마련해 줘야 한다. 내향형 남자아이들은 자기감정을 언어로 표현하는 것에 어려움을 갖고 있는 경우가 많은데, 꼭 말이 아니더라도 자기만의 방식으로 표현하도록 유도한다. 낙서, 펀치 백 때리기, 만화 그리기 등 어떤 활동도 가능하다.

### 내향적 아이들을 공감하는 기본 원칙

1. 아이가 감정에 휩싸였을 때 말을 거는 대신, 혼자 생각할 시간을 준다.
 "일단 쉬는 게 좋겠다."
 "진정하고 나서 이야기하자."
2. 만약 아이의 감정이 폭발한다면 안전한 상황에서 가능한 한 해소할 수 있도록 도와준다.
 "마음껏 공을 던져도 돼."
 "펀치 백을 있는 힘껏 때려."
3. 아이가 이야기를 시작하면 깊게 경청하며, 중간에 아이의 말을 끊거나 질문하지 않는다.
4. 철저히 아이의 입장에서 아이의 감정을 어루만져야 한다. 섣불리 비판적 관점으로 자신의 행동을 바라보게 하는 것은 위험하다. 아이가 부모는 자기편이 아니라고 여기게 되고, 자기비판을 자극해 감정이 오히려 증폭될 수 있다.
5. 대화 후 어떤 느낌인지, 새로운 생각은 무엇인지 질문한다.

## 상황에
## 휘둘리지 않는 힘 ★

　　　　　분노와 흥분, 슬픔 같은 감정을 강렬하게 표현하는 것은 외향형 아이의 방식이다. 내향형 아이는 굳이 강하게 표현하지 않아도 자기만의 방식으로 감정을 해소하고 조절한다. 그중 대표적인 방법이 처한 상황에서 조금 벗어나 조용하게 그 상황을 바라보는 것이다. 다시 말해 상황을 관조하는 힘이다.

　관조란 일방적으로 참는 것과 질적으로 다르다. 참는다는 것은 자신이 원하는 일을 할 수 없을 때 갖게 되는 마음이지만, 관조하는 힘은 상황을 객관적으로 보게 한다. 대단히 활동적이고 시끄러운 학교에서 반 아이들 모두가 축구를 하러 나가는 순간, 축구를 원하지 않는 조용한 내향적 아이는 자기만 소외되었다고 느낄 수 있다. 이 소외감은 자책감과 불안함, 그리고 열등감을 불러온다. 그런데 이때 '난 축구 말고 내가 더 좋아하는 큐빅을 맞춰야지. 친구들이 돌아오면 보여줄 거야'라고 생각하는 아이는 자신에 대한 부정적 감정을 갖지 않고, 자존감이 저하되지도 않는다.

　이렇듯 아이가 상황에 휘둘리지 않으면서 자기가 원하는 것을 즐기고 그 기쁨을 나눌 수 있는가가 중요하다. 아이가 자신의 한계를 인정하고, 그것이 열등함에서 비롯된 게 아님을 인지해야 한다. 위험한 행동을 아무렇지 않게 하는 친구들을 보며 '나는 왜 저렇게 못 할까?' 하는 것이 아니라, '나는 위험한 것을 싫어해'라고 인정하는 것이다. 여러 명이 모여 왁자지껄하는 것보다 몇몇의 아이들과 조용히 노는 것을 좋아하는 자신을 받아들이도록 도와야 한다. 싸움이 일어났을 때 바로 주먹으로 맞받아치는 대신 논리적인 주장을 펴서 상황을 종료하는 것이 내향형 아이들의 강점이다. 이 사실을 알게 된다면 아이의 정서가 한결 안정될 것이다.

내 모습 그대로를 받아들이고, 한계마저 당당히 인정하는 것. 이것이 바로 내향형 아이가 자기감정을 표현하는 데 꼭 필요한 밑거름이다. 목소리 큰 사람이 곧 강한 사람이라는 편견에서 벗어나야 한다. 아이가 내면의 힘을 가지려면 항상 자신의 욕구에 관심을 갖도록 해야 한다. 부모는 아이가 무엇을 선택하든 비판하지 않아야 하며, 사소한 행동에도 고유의 가치를 부여해야 한다. 이러한 환경이 보장된다면 아이는 어떤 상황에서도 조용히 자기 자리를 찾는 힘을 갖게 된다.

## 배터리 충전이 기본!

내향형 아이는 여러 가지 면에서 외향형 아이에 비해 에너지가 많이 소비된다. 예민한 감수성 때문에 감정 처리나 문제 해결에 오랜 시간과 큰 힘이 소비되는 까닭이다. 내향형 아이는 힘들면 이유 없이 짜증을 내거나 무기력해지고, 에너지가 방전되면 회복 시간도 무척 더디다.

내향형 아이에게는 자기만의 재충전 방법이 필요하다. 외향형 아이는 친구와 놀고, 맛있는 것을 먹고, 새로운 것을 발견하면 또다시 에너지가 생긴다. 반면 내향형 아이에게는 혼자 있을 시간과 공간이 필요하다. 충분한 수면을 취하는 등 푹 쉬면서 자신이 좋아하는 일에 몰두하는 것이 재충전하는 가장 좋은 방법이다. 아직 어린 내향형 아이는 좋아하는 친구와 조용히 놀거나, 부모와 하고 싶은 일을 하며 재충전하는 것도 좋다.

중요한 것은 재충전의 환경이 평화롭고 조용하며, 아이가 즐거움을 느끼는 코드에 맞아야 한다는 점이다. 아이만의 즐거움 코드는 평소에 그의 욕구를 잘 파악해야 알 수 있다. 모든 아이가 좋아한다는 놀이동산도 내향형 아이에게는 맞지 않을 수 있다. 박물관이나 공연 관람도 어떤 내향형 아이에게는 스트레스 지수를 높이는 일일 수 있다.

내향형 아이들이 보편적으로 좋아하는 여행을 예로 들어보자. 평소 밖에 나돌아 다니는 것을 좋아하지 않는 내향형 아이가 여행을 좋아한다니 의외라고 생각할 수 있다. 사실 내향형 아이들은 대체적으로 자연을 좋아한다.

내가 만난 한 중학생 남자아이는 방학 동안 말레이시아로 단체 여행을 가게 되었다. 떠나는 날이 다가올수록 무척 기대했으나, 한편으로는 휴양지만 가게 되면 어쩌나 걱정했다. 아이는 말레이시아의 대자연 속에서 자신이 좋아하는 희귀식물을 찾아보고 싶었던 것이다.

그런데 이 아이의 바람과 달리 빡빡한 여행 일정이 이어진다면 어떻게 될까? 아이는 아마도 단체 여행에 다시 참여하는 일이 없을 것이다. 모르는 사람들과 함께 오랜 시간을 보내는 것도 모자라 일정마저 빠듯하다면, 짜증스럽고 힘들어서 여행을 지속할 수 없을 것이다.

내향형 아이의 휴식은 부모가 일방적으로 권한다거나 남들이 다 하는 보편적인 것이 되어서는 안 된다. 아이의 고유한 정서 코드를 이해하고 스스로 휴식 방법을 찾도록 도와야 한다.

## 정답은 하나가 아니다 ★

무엇이든 신중히 사색하는 내향형 아이들은 생각하는 힘이 강하다. 강력한 사고력을 정서적 힘을 기르는 데에 쓰도록 도우면, 아이의 융통성과 유연성이 자랄 것이다.

내향형 아이는 한번 자기 기준을 정하면 그것 외에 다른 방식은 없다고 차단해버린다. 여러 번 신중하게 다양한 대안을 검토했기 때문에 그것이 최선이라고 믿는 것이다. 동시에 내향형 아이는 여러 상황을 조직적으로 생각한다. 그 때문에 다양한 경우의 수를 브레인스토밍 하면서 새로운 대안을 찾아낸다.

친구의 폭력에 복수하겠다고 말했지만 아직 행동으로 옮기지 못한 초등 2학년 원준이는 그동안 자신이 참은 이유가 선생님에게 혼나는 것이 무서웠기 때문이라고 했다. 그러나 이제는 참을 수 없기 때문에 선생님이 보이지 않는 곳에서 복수하기로 결심했단다. 원준이는 친구가 저보다 힘이 세기 때문에 형과 형 친구들에게 친구를 때려달라고 부탁하겠다며 계획을 밝혔다. 이럴 때 아이가 찾은 대안이 불완전하더라도 비판하거나 부정적으로 평가하지 말아야 한다. 일단 "아, 그런 방법을 찾았구나" 하고 인정해준 다음, "또 다른 방법은 뭐가 있을까?"로 아이의 아이디어를 계속 자극한다.

처음에는 다른 방법이 없다고 했던 아이도 질문을 받으면서 차츰 아이디어를 내기 시작한다. 물론 전혀 현실성 없는 아이디어도 많다. 모두 승인하라. 그것이 아이의 문제 해결력을 키우는 가장 좋은 방법이기 때문이다.

여러 대안을 찾은 원준이는 친구를 따로 불러서 사과를 받아내는 방법이 가장 적합하다고 결론 내렸다. 그리고 실행에 옮기기 위해 여러 번 연습했다. 다음 상담에서 결과를 물어보았더니, 불러내기도 전에 그 친구가 먼저 말을 걸고 재밌는 놀이를 해서 문제가 해결됐단다. 아이는 스스로 대안을 찾는 과정에서 화가 저절로 풀렸고 그 덕분에 친구를 쉽게 받아들인 것이다. 정서적 대안을 찾는 것만으로도 아이의 감정이 해소되는 것은 물론이고, 한 가지 문제에 집착하면서 생기는 고통을 줄일 수 있다.

---

### 문제 해결을 위한 대화의 프로세스

Stop(멈추기) – 공감 대화 : 마음을 공감해주고 있는 그대로의 상태를 이해하며 수용하기

Think(생각하기) – 브레인스토밍 대화 : 또 다른 방법은? 또 다른 것은?

Choose(선택하기) – 실행 대화 : 대안 중 가장 적합한 것을 선택하고 연습하기

---

# 내성적인 아이가 공부하는 법은 따로 있다

### 손에 잡히는 목표를 만들어라 ★

실패가 예상되면 움직이지 않는 내향형 아이가 도전과 시도를 쉽게 할 때가 있다. 그것에 대한 목표와 열정이 있을 때다. 에디슨이 999번의 실패 끝에 이뤄낸 전구 실험은 내향인의 열정을 가장 잘 보여주는 예다. 목표를 한번 정하면 끈기 있게 견디는 내향성의 강점을 학습에서도 적극적으로 활용해야 한다.

내향형 아이가 도전하고 시도하려면 너무 어렵고 버거운 느낌이 들어서는 안 된다. 자신이 해볼 만한 일이라고 여겨질 때 아이는 움직인다. 아이가 충분히 할 수 있다고 믿도록 최대한 단순한 형태로 학습할 수 있게 하라. 아이의 인지 패턴에 따라 다르긴 하지만, 내향형 아이는 새로운 지식에 대한 개념을 배울 때 시간이 훨씬 많이 드는 편이다. 그러나 개념을 정확하게 이해한 후 적용할 때에는 남보다 훨씬 수월히 해내며 유능한 모습을 보인다.

아이에게 목표를 정해주는 것도 좋다. 목표 역시 막연하거나 달성하기 힘든 것이 아니어야 한다. 아주 구체적이고 조금 노력하면 바로 성취할 수 있는 목표가 좋다. "하루에 이 문제집을 두 장씩 한 달 동안 풀면 네가 완전히 정복하게 될 단원은 무엇이지?" 하는 식의 질문으로 아이가 자신의 성과를 구체적으로 파악하도록 하자.

자신의 성취 경험을 계속 떠올릴 수 있도록 돕는 것도 학습 의욕을 끌어올리는 방법이다. 내향형 아이는 기억과 경험을 중시한다. 자신이 그 일과 비슷한 경험을 가지고 있다고 믿으면 보다 용기 있게 도전한다. 독후감을 쓰기 싫다는 내향형 아이와 이전에 친구들에게 보여주기 위해 마음대로 그렸다는 만화 이야기를 나눴다. 친구들 사이에서 얼마나 큰 반응을 얻었는지, 그 만화 구성과 독후감 구성이 어떻게 비슷한지 등을 함께 이야기했더니 아이는 집에 돌아가자마자 독후감을 쓰기 시작했다. 이야기를 나눌 때에는 나의 칭찬과 인정을 받아들이지 않는 것처럼 굴었지만, 실제로는 내 말을 믿고 용기를 얻은 것이다.

학습하는 과정에서 발견한 아이의 특별함을 독려하는 태도도 필요하다. 원리를 쉽게 이해한다든지, 새로운 방식을 찾아낸다든지, 창의적인 방식을 발견했다든지 하는 아이만의 특별한 능력을 발견하는 것이다. "어떻게 이런 방법을 생각해냈지?" "이 방법은 너에게 처음 배웠어" 등과 같이 인정해주면 아이는 자신의 특별함을 학습능력에 십분 활용하게 된다.


## 단순 암기는 NO! ★

내향형 아이가 싫어하는 학습 방법 중 하나는 단순 암기다. 장기 기억에 능한 내향형 아이는 단어 외우기나 반복되는 연산에 약하고, 이러한 학습 형태를 싫어한다. 내향형 아이는 전체 원리나 맥락을 이해한 후에 부분에 대한 개념 이해가 자연스럽게 될 때 암기를 잘할 수 있다. 쉽게 말해서 영어 단어 하나를 외워도 지문이나 문장에서 단어를 이해하고 그것을 적용하는 방식으로 학습하길 원한다. 그러므로 세세한 지식도 큰 틀과 연관 지어 습득할 수 있게 해야 한다.

아이가 삼국시대에 관한 동화를 읽었다고 해보자. 아이 머릿속에 신라에 대한 개념이 생겼을 것이다. 그렇다면 우리나라 전체 역사 중 신라는 어떤 부분에 속해 있고, 신라와 연관된 것은 무엇인지 알게 하는 것이 내향형 아이에게 적절한 학습 방식이다. 어떤 분야를 학습하든 아이와 함께 마인드맵을 하나 그려 놓고 그것을 하나하나 채워가는 방식을 활용해보자.

또한 내향형 아이는 학습의 의미에 대해 골똘히 생각한다. 초등 2학년 수미는 구구단을 절대 외우지 않겠다고 했다. 이유를 물어보니 8×8은 8을 여덟 개 모으면 되고, 자신은 더하기를 할 수 있기 때문에 굳이 외울 필요가 없다고 했다. 타당한 이야기여서 수미에게 구구단 외우기를 강요하지 않았다. 그러나 수미는 몇 달이 지나서 스스로 구구단을 외울 필요가 있겠다며 입장을 바꾸었다. 이번에는 입장을 바꾼 이유를 물었다. 그랬더니 연산의 속도가 빠르지 않으면 시험 볼 때 제한 시간 내에 수학 문제를 다 풀 수 없기 때문이란다. 수미는 구구단의 효용을 깨달은 후 기꺼이 구구단을 모두 외었다.

아이가 시행착오를 겪기 전에 부모가 나서서 학습의 목적과 필요를 제시하고 싶을 것이다. 하지만 실제 경험을 통해 알아가는 것이 아이 마음에 훨씬 오래 남고, 동기 유발 또한 잘된다.

## 맥락 이해를 돕는 질문 기술 ★

부모가 아이의 특성을 이해하고 학습을 도우면 아이는 공부의 의미를 알게 된다. 단순한 지식이라도 그 맥락을 파악하게 유도하는 질문으로 아이의 뇌를 자극하고, 자기만의 학습법을 찾도록 하는 것이 중요하다.

"이 공식은 왜 필요할까?" "너라면 어떻게 풀겠니?" "다른 방법이 있다면 어떤 것이 있을까?" "피자를 나누는 데 네가 배운 분수로 표현해본다면?" 등 아이가 스스로 질문하며 공부할 수 있도록 도와주자.

이렇게 질문할 때 아이가 대답하지 않는다고 걱정하는 부모가 있을 수 있다. 내향형 아이는 즉시 대답하지 않아도 질문에 대해 열심히 곱씹는 성향이 있다. 따라서 좋은 질문을 제대로 하는 것이 핵심이다.

### 📚 맥락을 이해하는 질문의 형태

- 새로운 지식과 기존에 알고 있는 지식을 연관시키는 질문
  "네가 배운 것을 여기에 적용해본다면 어떻게 할 수 있을까?"
- 내용을 평가할 수 있는 질문
  "이것에 대한 너의 의견은?" "만약 너라면 어떻게 할 수 있어?"
- 새로운 대안을 찾는 질문
  "이 문제를 해결할 수 있는 새로운 방법을 찾아볼까?"
- 분류하거나 범주화하는 질문
  "이 부분은 어디에 속하는 걸까?"
  "비슷한 것을 연결해보면 어떻게 될까?"
  "이것을 다 모아서 무엇이라고 제목을 달면 좋을까?"

## 한층 깊게 파고드는 아이 ★

내향형 아이의 뛰어난 오감 능력은 이미 설명한 바 있다. 남들보다 관찰도 잘하고, 소리도 잘 듣는다. 감각적으로 뛰어난 만큼 아이의 시각과 청각을 최대한 사용해 학습동기를 갖게 하면 효과가 크다. 감각이 특히 예민한 시기의 유아와 함께 책을 읽을 때에는 어떤 방법이 좋을까? 그냥 술술 읽어주는 것보다 다양한 감각을 활용해 상상하게 하고, 책 속에 등장하는 것과 비슷한 실물을 경험하게 하면서 읽어보자.

내향형 아이는 자기만의 아이디어를 갖는 것을 좋아한다. 이런

아이에게 가르치는 말을 자주 사용하는 방법은 좋지 않다. 이들은 자기만의 방식을 만들고 그 방식을 실제로 활용하는 것을 즐기는 까닭이다. "이건 이렇게 하는 거야!"보다 "어떻게 하면 좋을까?"가 내향형 아이의 창의성을 강화하는 질문이다. "방학인데 책을 좀 읽는 건 어떠니?"라고 물으면 무뚝뚝한 내향형 아이는 "난 책 싫어해요"라고 답할 것이다. 그런데 "이번 방학에는 뭘 더 자세히 알고 싶니?"라고 바꿔 물으면 "탱크나 총에 대해 알고 싶어요"라고 답할지 모른다. 다시 "그것에 관계된 책은 뭐가 있을까?"와 같이 접근하면 아이들은 그 주제에 빠져 탐구하기 시작할 것이다. 이렇게 아이에게 기회를 주는 질문이 중요하다.

내향형 아이의 학습능력 중에 두드러진 것은 자신이 알고 있는 지식을 새로운 지식과 비교하면서 확대해나간다는 점이다. 그래서 이들은 외향형 아이보다 개념 학습에 오랜 시간이 걸린다. 물론 아이들의 인지 패턴을 외향성, 내향성에 따라 단순히 분류하는 것은 옳지 않다. 다만 외향형 아이가 학습할 때 넓이와 양, 속도 등 셀 수 있는 것에 초점을 둔다면, 내향형 아이는 깊이와 질적 내용에 초점을 둔다. 그러므로 아이가 개념을 익힐 때 다른 아이보다 느리더라도 이해력이 떨어진다고 여겨서는 안 된다. 그들은 남들이 밥을 열 번 씹어 삼킬 때 오십 번 이상 꼭꼭 씹어 그

맛과 질까지 음미하는 것이다.

내향형 아이는 이렇게 체득된 개념을 점차 확대 학습하는 일을 재미있어 한다. 개념 학습까지는 남들보다 시간이 오래 걸리지만, 그것을 적용하거나 응용하는 일은 누구보다 능숙하게 해낸다. 상담하러 온 아이들과 놀 때, 별것 아닌 것에 개념을 대입하는 일을 본다. 어린아이와 아이스크림 가게 놀이를 하는데, 아이스크림 크기를 본 아이가 "초콜릿 아이스크림은 바닐라 아이스크림 크기의 3분의 1밖에 안 되는데요. 바닐라 아이스크림이 3,500원이니까 초콜릿 아이스크림은 얼마를 받아야 하나요?"라고 질문했다. 습득한 지식을 일상에 적용하는 능력을 보여준 것이다.

## 연습과 준비가 핵심 ★

내향형 아이는 낯선 환경을 가장 싫어한다. 처음 접하는 환경에서는 아무 생각도 떠오르지 않는 까닭이다. 그래서 내향형 아이에게는 선행 학습이 중요하다. 미리 알아두고 예측하게 하면 상황이 한결 수월하게 느껴지면서, 낯선 자극에 대한 두려움이 없어진다.

하지만 현실적으로 개념 학습이 느린 내향형 아이를 충분한 기다려주는 학교는 거의 없다. 아이들은 새로운 학습에 당황할 수 있고, 당황스러움이 반복되면 공부가 어렵다고 규정하게 된다. 글씨를 못 썼다고 선생님에게 혼난 아이는 '글씨 공부는 싫어'라며 글씨 쓰기에 흥미를 잃을 수 있다. 또한 수학 시험을 못 봐서 나머지 공부를 했다면, 그 아이는 이미 '난 수학을 못하는 사람이야'라고 규정해버렸을 확률이 높다.

주의할 점은 지나친 선행 학습에는 아이가 오히려 부담을 느낄 수 있다는 것이다. 다음 수업에 대한 기본 정보를 가볍게 숙지하는 정도면 충분하다. 수업에 임하는 아이의 태도가 달라질 것이다.

발표도 동일하다. 내향형 아이는 선생님이 즉흥적으로 질문하는 것에 곧바로 대응하지 못한다. 하지만 충분한 시간을 주면 누구보다 진지하고 정확하게 대답한다. 아이에게 바로 대답할 필요는 없으니 답이 떠오르면 발표하라고 말해보자. 아이가 자신의 강점을 깨달을 것이다.

# 현명한 부모의
# 지혜로운 훈육법

**비판이나 지적이 없는
피드백 기술** ★

평소 아이가 자신에 대한 비판을 듣고 시큰둥하더라도 실제로는 상처받고 있다는 사실을 기억해야 한다. 단순한 충고도 아이는 자신에게 요구되는 대단한 철칙으로 받아들인다는 사실을 간과해서는 안 된다. 부정적인 반응에 예민한 내향형 아이를 위해, 비판이나 지적 없는 피드백 기술을 습득해두자. 구체적인 방법은 다음과 같다.

1단계: 있는 그대로의 아이 행동을 말한다. 이때 자신의 판단이나 평가를 덧붙이면 안 되고, 가장 중립적인 상태로 아이의 행동을 비쳐준다.

좋은 예: 물건을 던질 만큼 화가 많이 났구나.
나쁜 예: 화가 난다고 물건을 마구 던져도 된다고 생각해?

2단계: 제한할 사항과 함께 그것이 미친 영향을 이야기하거나 질문한다.

좋은 예: 물건은 던지는 건 안 돼. 네가 갑자기 물건을 던져서 엄마는 깜짝 놀랐어.
나쁜 예: 말없이 물건을 던지면 어떡해? 말을 해야 알지!

3단계: 바라는 점과 기대하는 상황을 이야기해주거나 새로운 대안을 찾는다.

좋은 예: 화가 났을 때 물건을 던지지 않고 너의 화를 표현할 수 있는 방법은 무엇일까? 엄마와 함께 생각해볼까?

나쁜 예: 다음에 또 그러면 혼날 줄 알아!

## 규칙은 항상
## 아이와 함께 정하라 ★

내향형 아이는 자신이 정하지 않은 규칙을 지켜야 하는 상황을 불쾌하게 여긴다. 또한 그 규칙을 지키지 않았다는 이유로 질책을 당하면 반항심이 커진다. 외향형 아이는 자신이 받아들일 수 없는 규칙이 있으면 끊임없이 분노하고 투정을 부린다. 그렇기 때문에 아이가 그 규칙에 대해 어떤 불만을 갖고 있는지 쉽게 알 수 있다. 반면 내향형 아이는 말없이 그 규칙을 지키지 않으면서 이리저리 피해 다닌다. 또한 감정적으로는 도저히 참을 수 없지만, 억지로 그 일을 한다는 불쾌함을 드러낸다.

규칙은 당연히 지켜야 하는 약속이라고 생각하는 부모는 '왜 우리 아이는 말을 듣지 않을까?' 하며 화가 나고, 아이는 부모의 반복되는 잔소리와 꾸중이 괴롭기만 하다. 이런 상황이 지속되면 아이는 부모의 말을 들으면서도 전혀 안 들리는 것처럼 행동해 부모의 속을 태운다.

아이가 익혀야 할 규칙이 있을 경우, 우선 그 일에 대한 아이의 의견을 들어보자. 부모와 아이가 실행할 수 있는 것부터 목표를 세워 실천하는 것이 좋다.

책상 정리를 소홀히 하는 아이를 예로 들어보자. 아이에게 책상 정리에 관한 의견을 물어보면 "왜 책상 정리가 필요하죠? 난 내 물건을 잘 찾을 수 있는데…"라고 말할지 모른다. 그렇다면 충분한 대화를 통해 일주일에 한 번 정도는 책상을 정리하자는 규칙을 마련해보자. 부모는 일요일 저녁에 책상이 정리되어 있는지 확인하기로 약속한다. 만약 아이가 약속을 이행하지 않아 혼나더라도, 그것은 자기가 합의한 일이기에 어떤 책임도 다할 수 있는 마음가짐이 된다.

## 기다려주기와 도전의 균형 ★

일반적으로 기질이 까다로운 아이는 환경에 적응할 때까지 다른 아이들보다 훨씬 많은 시간과 노력을 요구한다. 그 까다로운 기질 때문에 환경에 영향을 더욱 크게 받는 까닭이다. 런던 대학교 제이 벨스키 교수의 「반응성 높은 아이와 낮은 아이의 종단 연구」에서는 반응성이 높은 아이들은 어린 시절의 역경에 금방 압도당하지만, 애정 어린 환경에서 자라면 다른 아이들보다 더 많은 혜택을 받을 수 있다고 말한다. 여기에서 반응성 높은 아이란 똑같은 자극도 남보다 훨씬 크고 강한 강도로 받아들이는 아이를 말한다. 이런 반응성 높은 아이는 대부분 내향형 아이로 자란다고 벨스키 교수는 밝혔다.

그런데 여기에서 말하는 애정 어린 환경을 무엇이든 무조건 허용하는 환경이라고 착각해서는 곤란하다. 반응성이 높고 까다로운 기질을 가진 아이가 느끼는 세상은 다른 아이들보다 훨씬 자극적인 것이 사실이다. 그래서 보다 세심한 주의와 공감이 요구된다. 그러나 공감만으로는 아이의 발전과 성장이 보장되지 않는다. 공감 이후에는 반드시 아이가 책임지고 도전할 수 있도록 도움이 필요하다.

내향형 아이를 키우는 많은 부모가 이 부분에서 갈등한다. 어떤 일을 하겠다고 해놓고 막상 닥치면 못하겠다며 후퇴하는 아이를 설득해야 할지, 아이 의견을 따라야 할지 혼란스럽다. 아이의 에너지나 욕구와 상관없는 일을 해보라고 설득하는 부모의 태도는 아이를 위축시킨다. 그렇다고 아이가 싫다고 하는 것을 억지로 시키지 않는다는 철학으로 무조건 아이의 반응에 맞추는 행동은 아이를 의존적으로 만든다.

부모가 명확하게 설정해야 하는 기준이 있다. 아이가 책임을 져야 할 일에 대해서는 후퇴하게 두지 말아야 한다는 것이다. 만약 아이가 학교생활이 힘들다며 학교를 가지 않겠다면 어떻게 할 것인가? 새로 다니게 된 학원 공부가 어렵다고 관두겠다면 어떻게 반응하겠는가?

이 경우 부모는 자신이 선택한 이상 책임을 다해야 함을 아이에게 주지시켜야 한다. 학생으로서 학교에 다니는 것은 사회적 약속이므로 지켜야 하고, 새로운 것을 배우기 위해 학원에 등록한 이상 수강 기간 동안 책임을 다해야 한다는 점을 아이에게 알려주자. 물론 이는 아이의 욕구를 잘 파악하고 아이에게 충분히 탐색할 기회를 준 이후 강요 없이 스스로 선택한 부분에 책임을 지게 하는 것이다. 그래야 보다 책임감 강한 아이로 자란다.

내향형 아이는 한번 형성한 신뢰는 굳건히 유지하지만, 신뢰를 쌓기까지 오랜 시간이 걸린다. 신뢰를 형성하기 위해서는 세상으로부터의 수용, 사랑받는 느낌, 자신의 선택이 존중받는 경험, 자신의 가치를 인정해주는 사람이 필요하다.

CHAPTER 6

# 내성적인 아이를 키우는 부모의 자세

# 내성적이어서 뛰어난 것들

**누구에게나
강점은 있다** ★

사실 '강점'의 정확한 의미를 모르는 사람이 많다. '장점'이란 말이 익숙한 우리에게 강점은 조금 생소하고 낯선 단어임에 틀림없다. 강점의 개념은 '타고난 소인 중 현실 적응을 도와 가치를 만들어낼 수 있는 우세하거나 탁월한 기능'이라고 정의할 수 있다. 강점은 장점과는 분명한 차이가 있다. 강점이 타고나는 것이라면 장점은 계발되는 것이다. 즉, 강점을 어떻게 계발하는가에 따라 그 사람의 장점이 결정된다.

똑같은 교육을 받았더라도 아이들마다 발휘하는 역량은 다르다. 언어 지능이 강점인 아이에게 언어 교육을 했을 때와, 그렇지 않은 아이를 같은 강도로 교육했을 때의 결과물이 다를 것이다. 그러므로 아이들이 갖고 있는 강점을 발견해 활용한다는 것은 효과적인 환경 적응 코드를 찾아내는 일이다.

내향형 아이가 갖고 있는 강점을 잘 활용하면 우수한 사회 적응력을 가질 수 있다. 아이의 강점을 찾아내 어릴 때부터 꾸준히 격려하는 것이 중요하다. 지금까지 내가 겪은 내향형 아이들의 사례를 중심으로 여러 학자들의 의견을 종합한 내향형 아이의 강점은 다음과 같다.

### 생각이 깊은 아이 ★

내향형 아이는 한 문제에 대해 여러 각도로 생각하고, 밖으로 표현하기 이전에 여러 번 시뮬레이션 한다. 아직 어린 내향형 아이를 키우는 부모는 이 점에 대해서 수긍하지 못할 수도 있다. 왜냐하면 아이가 자신의 생각을 충분히 드러낼 만한 표현력을 갖추지 못했기 때문이다. 그러나 아이의 생각이 드러나는 행동이 있기 마련이다. 자세히 보면 아이가 사소한 문제도 매우 깊이 생각하고 있음을 알게 될 것이다.

나의 내향형 딸이 여섯 살 때의 일이다. 가족들이 모두 외출을 한 상태에서 아이는 홀로 할머니 친구 분을 손님으로 맞았다. 아이는 손님을 대접하기 위해 의자 위에 서서 차를 준비했다. 집에 다른 가족들이 없으므로 자신이 나서야 한다고 판단한 것이다. 물론 다른 어른들이 있었다면, 아이가 그렇게까지 무리하지는 않았을 것이다. 자신의 행동이 위험하다는 것을 잘 알고 있기 때문이다.

때로는 신중성이 문제가 될 때도 있다. 단순한 것도 지나치게 오래 생각해서 선택을 유보하거나 자기 의견을 적절한 타이밍에 내놓지 못하기도 한다. 그러나 신중성이 소심함을 의미하진 않는다. 주변의 긍정적 피드백이 있다면, 신중함은 아이들의 창의력과 사고력으로 연결될 수 있다.

내향형 아이는 기본적으로 누구에게도 의존하지 않는, 자율적이고 독립적인 특성을 가지고 있다. 유아에서 초등 저학년까지의 어린 시기에는 엄마 등 뒤에 숨어 다소 징징거릴 수 있고, 낯선 환경에서 엄마 손을 잡고 놓아주지 않는 의존적인 모습을 보일 수 있다. 이는 자율성이나 독립성이 약해서가 아니라 외부 환경에 대한 불안 때문이다.

반대로 편안한 환경에서는 외향형 아이와 달리 혼자서도 잘 놀며, 성장할수록 자신의 시간을 충분히 즐기는 모습을 보인다. 실제로 놀이를 하다가 뜻대로 되지 않을 때 외향형 아이는 교사나 부모에게 부탁하는 등 외부에 도움을 빨리 요청한다. 반면 내향형 아이는 스스로 몇 번이고 반복해본다.

### 특별한 창의성을 가진 아이

상담실에 오는 내향형 아이 중 한 아이는 항상 양말을 짝짝이로 신고 온다. 신중하고 규칙적이면서 남의 시선을 많이 신경 쓰는 그 아이가 양말을 짝짝이로 신는 것이 의아했다. 아이에게 이유를 물었더니, "재미있어서요"라고 답했다. 아이는 짝짝이 양말을 알아보는 내게 감사하다는 듯 말했고, 그다음 주에는 양말을 장갑 대용으로 가져오기도 했다.

내향형 아이는 보편적인 방식보다 특별하고 창의적인 방식을 선호한다. 내향적인 사람들 중에 예술가가 많은 것도 이런 이유 때문이다. 자기만의 틀을 형성하고 때로는 그 안에 갇히기도 하지만, 충분한 관찰과 경험으로 얻은 아이디어와 욕구를 바탕으로 완성한 틀이기에 매우 견고하다. 깊게 고민한 끝에 근거 있는 창의성을 발휘하는 아이에게 관심을 가져주자.

외향형 아이는 다양한 것에 호기심이 많다. 반면 내향형 아이는 호기심의 대상이 자주 바뀌지 않고, 알고자 하는 게 있으면 끝까지 물고 늘어진다. 이들과 대화할 때면 '어떻게 저런 세부적인 정보까지 다 알까?' 하고 놀라곤 한다.

장수벌레에 관심이 많은 내향형 아이를 만난 적이 있다. 다섯 살밖에 안 되는 아이가 장수벌레의 생태적 특징은 물론이고, 장수벌레만 연구하는 일본인 박사의 이름까지 정확히 알고 있었다. 아이는 아직 어리지만 자신이 관심 있는 영역에 깊이 몰두하고 끝없이 알고자 한 것이다.

또한 내향형 아이는 표면적인 지식에 만족하지 않는다. 식물학자가 꿈이라고 말한 중학교 1학년 남자아이는 희귀식물에 대한 지식이 상당했다. 희귀식물을 구입할 수 있는 해외 사이트까지 꿰고 있었고, 식물에 대해 모르는 것이 거의 없을 정도였다. 이처럼 주제를 설정하면 매우 깊게 파고들어 정보를 모으고 연구하는 내향형 아이는 주체적인 학습자다.

## 감수성이
## 풍부한 아이 ★

다른 사람과 깊은 관계를 맺는다는 것은 그 사람과 충분히 교감한다는 뜻이다. 내향적인 사람들은 표면적인 관계보다 깊은 관계를 원한다. 그들이 관계를 잘 유지하는 것은 타고난 공감능력과 감수성 덕분이다.

시야가 넓지 않기에 자기 영역 밖에 있는 사람이나 사물에는 별로 관심을 갖지 않지만, 영역 내의 대상에는 무척 정교하게 접근한다. 크고 눈에 잘 띄는 것보다 남들이 놓치는 세밀한 것, 소박하지만 자기가 위로받을 수 있는 작은 물건 등에 주목한다. 수집을 좋아하기도 하고, 실제 물건을 모으지 않더라도 자기가 좋아하는 상상을 지속적으로 하면서 머릿속에 자료실을 만들어놓기도 한다.

내향형 아이가 다른 사람의 말을 들을 때는 상대방 눈을 보지만, 자기 이야기를 할 때는 시선을 피한다. 그것 또한 이유가 있다. 자기 이야기를 하는 건 부끄러워도 다른 사람의 말은 그 사람의 눈을 보면서 경청하려고 노력하는 것이다. 내향형 아이들이 사람에 대해 얼마나 큰 애정을 갖고 있는지 알 수 있는 대목이다.

## 정직하고
## 도덕성이 강한 아이 ★

내향형 아이는 규칙을 잘 지킨다. 물론 여기에는 제한이 있는데, 자신이 받아들인 규칙에 한해서 목숨처럼 지킨다. '자신이 받아들이는'이라는 제한이 곧 내향형의 특성이다. 규칙을 무조건 받아들이지 않고, 그 타당성을 스스로 입증한 뒤 받아들이는 것이다. 충분히 생각한 후 수긍한 규칙이기에 책임감과 성실성 또한 뒤따른다.

내향형 아이는 대개 높은 기준의 도덕성을 갖췄다. 순간의 상황을 모면하기 위해 부정직하게 행동하는 것을 용인하기 어려운 까닭이다. 그런데 간혹 내향형 아이가 거짓말을 자주 할 때가 있다. 이는 내향성의 보편적인 패턴과 상반되는 일이다. 이럴 때는 아이가 현재 어려운 상황에 처한 건 아닌지 돌아봐야 한다.

일례로 입학 후 불안감이 심해진 초등 1학년 남자아이는 선생님이 어떤 행동의 결과를 물어볼 때마다 거짓말을 했다. 아이는 심한 자책감과 불안으로 고통스러워했다. 내향형 아이가 매번 거짓말을 할 수밖에 없다는 것은 현재 그가 심적으로 엄청나게 불안한 상태임을 보여주는 지표다. 부모는 아이가 압박감과 죄책감으로 얼마나 큰 고통을 받고 있는지 빨리 헤아려야 한다.

# 강점을 재능으로
# 이끄는 부모

**잠재능력을
발견하는 부모** ★

　　　　　누구에게나 잠재능력은 있다. 부모에게 자녀의 잠재능력을 믿느냐고 물으면 그렇다고 답한다. 그런데 잠재능력이 구체적으로 어떤 능력인지, 어떻게 외부로 발현될 수 있는지는 모른다. 그저 '많이 경험하고 계속 시도하면 잠재능력이 발현되어 아이의 유능감을 높이지 않을까' 하고 막연히 생각한다. 그래서 조금이라도 어릴 때부터 많은 경험을 시키려 하고 다양한 기회를 제공하려 한다.

하지만 막연한 기회는 아이에게 좌절감을 줄 수 있다. 특히 내향형 아이에게 더 그렇다. 내향형 아이에게는 지나치게 다양한 경험을 제공하기보다 어떤 일을 시작할 때 첫 단추를 잘 꿰도록 도와야 한다. 그렇지 않아 일이 실패하면, 내향형 아이는 그 실패한 영역을 자기 세계에서 영원히 몰아낸다.

아이로서는 무리인 일을 억지로 시키면 곤란하다. 자연스럽게 재능을 형성하고 그것을 다시 강점으로 만들기 위해, 아이가 무의식적으로 반응하는 영역을 찾아야 한다. 훈련하거나 준비하지 않아도 아이가 관심 있어 하고(관심·흥미), 수월하게 배우며(재능), 그 일을 하면서 지속적으로 즐거움을 가지는(만족감·가치) 영역이 아이의 강점이다. 부모는 그 강점에 지속적인 관심과 지지를 보내야 한다. 그 영역을 꾸준히 탐구하도록 기회를 제공한다면 아이는 자신의 잠재능력을 최고치로 끌어올릴 수 있을 것이다.

다시 말해 부모가 아이의 잠재능력을 발견하기 위해서는 자신의 가치와 판단을 내려놓고, 아이가 보이는 행동의 문제점보다 긍정적 측면을 봐야 한다. 그 어떤 것도 시도해볼 수 있는 기회의 장을 열어주자.

## 가능성을 발전시키는
## 특별한 방법 ★

기질 특성상 외향형 아이는 플러스알파에 관심이 있고, 내향형 아이는 제로를 맞추는 것에 관심이 있다. 내향형 아이를 키우는 양육자의 관점에서는 더 잘할 수 있는 일을 적당한 선에서 관두는 것 같아 안타깝다. 부모는 '좀 더 시켜보면 되지 않을까'라는 마음으로 아이를 자꾸 재촉한다. 그러나 이런 부모는 내향형 아이의 가능성을 열지 못한다. 아이가 이미 갖고 있으면서도 자기 영역인 줄 모르는 가능성을 찾게 하려면 '만족감 높이기 3단계' 과정이 필요하다.

1단계: 아주 작은 승리의 기억이라도 놓치지 않고 하나하나 모아두기
2단계: 그 승리의 기억을 다른 영역으로 연계하기
3단계: 자기만의 목표를 만들어 '만족감 높이기 3단계'를 지속적으로 반복하기

예를 들어 관찰력이 뛰어나 물건을 잘 찾는 아이가 있다면 우선 이 부분을 인정해주자. 아이는 마음속으로 자신은 남들보다

사물을 더 잘 볼 수 있다고 믿을 것이다. 그다음 친구에게 먼저 다가가지 않는 아이에게 친구들이 노는 모습을 관찰해보라고 한다.

"넌 관찰을 잘 하니까 저 친구를 한번 관찰해봐. 함께 놀 친구가 언제 필요한지, 뭐라고 이야기하면 저 친구가 좋아할지 맞춰볼까?"

아이가 이미 자신 있는 분야부터 관찰하도록 하는 것이다. 아이가 자기 의견을 이야기하면 한 차례 더 격려하고 "정말 그런지 시험해볼까?" 하며 또 지지하라. 이것이 아이가 자신이 할 수 있는 일을 찾고 만족할 수 있게 이끄는 방법이다.

## 아이에게
## 동기를 불어넣는 법 ★

상담실에 오는 아이들은 나와 여러 번 만날수록 대화를 즐기며 함께하고자 한다. 아이들에게 이런 적극성이 생기는 것은 나의 인정이 아주 구체적이고 특별해서다. 자신이 모르고 있었거나 생각해보지 않은 부분을 찾아내 가치를 부여해주면 아이들은 엄청난 동기를 갖게 된다.

예를 들어 한 아이가 놀이 시간에 무심코 노래를 불렀을 때

"가사도, 음정도 어려운 곡을 정말 하나도 빼놓지 않고 완전하게 외웠구나"라고 인정해주면 아이는 매우 기뻐한다. 바로 부모에게 가서 "제가 아주 어려운 곡을 하나도 틀리지 않고 다 불렀어요"라며 자랑하기도 한다. 막연하게 잘한 것이 아니라 자신이 어떤 부분에서 탁월했는지 구체적으로 알게 됨으로써 자부심이 생긴 것이다.

평소 아이에게 지적할 만한 문제가 있었다면, 바로 그 문제에서 아이의 긍정적 자질을 찾아 인정해주자. 그러면 아이는 새로운 프레임으로 자신을 보게 된다. 무언가를 선택할 때마다 우물쭈물하는 내향형 아이는 평소 빨리 결정하지 못한다고 지적을 받았다. 그런데 사실 그 아이의 신중함은 선택에 대한 결과를 충분히 예측하기 위해서가 아닌가!

"무엇 하나 스쳐 지나는 것 없이 충분히 고민하고 결정하는구나."

이렇게 아이를 인정하는 순간, 선택할 때마다 눈치 보며 불안해하던 모습에서 안정감 있고 여유 넘치는 태도로 바뀌는 것을 보게 될 것이다. 이러한 경험을 통해 아이는 자신의 강점, 자신감, 그리고 소신 있는 태도 등을 계발하게 될 것이다.

## 긍정적인 언어가
## 긍정적인 아이를 만든다 ★

내향형 아이는 원하지 않는 상황이 일어나면 자기 탓을 하고, 앞날을 미리 걱정하거나 부정적 결말을 예측하는 경우가 많다. 그러므로 부모는 아이가 어렸을 때부터 긍정적인 태도를 가지도록 이끌어야 한다.

긍정적이고 진취적인 태도를 갖는 데 가장 효과적인 것은 긍정 언어를 연습하는 것이다. 같은 말이라도 밝은 부분과 어두운 부분이 있는데, 어떤 부분에 초점을 맞추느냐에 따라 감정 조절은 물론이고 행동의 방향성까지 결정할 수 있다.

선생님께 꾸중을 들어 마음이 상한 아이를 예로 들어보자. 아이가 "선생님은 나만 잘못했다고 해요. 선생님은 이상해"라고 불평했다. 이런 상황에서 부모는 "선생님이 사실을 정확하게 알지 못한 채 너를 꾸짖어서 속상했구나. 넌 공평하길 원했는데"라는 식으로 말할 수 있다. 아이가 부정적으로 표현한 말을 긍정적으로 바꿔주는 것이다.

일상생활에서 사용하는 말도 마찬가지다. "정말 짜증나"가 아니라 "이게 잘 안 돼요"로, "또 그럴 거면서…"가 아니라 "저번과 다르길 바라요"로 바꿀 수 있는 능력을 길러줘야 한다. 이 능력은 자기 부정이나 비판을 최소화하고, 새로운 대안을 찾는 데 도움이 된다.

### 부정언어를 긍정언어로 바꾸는 실전 연습

알고 보면 우리는 일상에서 부정적인 언어를 상당히 많이 사용한다. 그래서 긍정언어로 바꾸려면 의식적인 전환이 필요하다. 그를 원활히 하기 위한 가장 손쉬운 방법은 평소 사용하는 부정언어에서 '원하는 것'을 찾는 방법이다. 원하는 것은 거의 대부분 긍정적이다. 그것을 이야기하면 어두운 부분이 아닌 밝고 가능성 있는 것에 초점을 맞출 수 있다.

다음 표는 가정에서 아이들에게 자주 말할 가능성이 있는 부정언어를 긍정언어로 바꿔본 것이다. 자신이 주로 하는 말을 순차적으로 바꾸어보자. 처음에는 어렵더라도 차츰 익숙해지면 긍정언어의 가능성을 알게 될 것이다. 긍정언어는 내향형 아이가 평생 낙천주의를 가지고 살아갈 밑바탕이 된다.

[표5] 부정언어의 긍정언어 변환

| 부정언어<br>주로 사용하는 부정언어 | 원하는 것<br>부정언어에 숨어 있는 생각 | 긍정언어<br>원하는 것을 포함할 긍정언어 |
|---|---|---|
| "이건 틀렸잖아." | "제대로 하길 바라." | "다시 해본다면?" |
| "울지 말고 말해!" | "말로 해주길 바라." | "말을 하면 도울 수 있어." |
| "말을 해야 알지." | "네 속마음을 알고 싶어." | "말할 준비가 될 때까지 엄마는 기다릴게." |

# 아이의 마음을
# 어루만지는 부모

**신뢰가**
**세상의 벽을 허문다** ★

　　　　　　다른 사람은 아무렇지 않게 하는 일에 쉽게 긴장하고, 작은 요구에도 신경이 곤두서서 느리게 반응하며, 타인과 스스럼없이 어울릴 수 없다고 생각하는 아이가 있다. 힘겹게 세상에 적응 중인 이 내향형 아이에게는 부모의 '마음 챙김'이 무엇보다 중요하다. 여기서 말하는 마음 챙김이란 '지금 이 순간을 있는 그대로, 수용적인 태도로 자각하는 일'이다.
　어려운 개념처럼 보이지만 아이의 눈높이로 풀어보자. '현재 느끼는 감정과 감각을 두려워하거나 피하지 않고, 있는 그대로의 내 모습을 비판이나 평가 없이 받아들이는 태도'라고 볼 수 있다. 자신의 강점과 한계를 깨닫고, 스스로를 안정시키며 조절하는 방법을 배운 아이는 지금 이 순간 자신의 모습을 사랑하고 인정할 수 있다.

스스로 기준을 뚜렷이 세워놓는 내향형 아이가 세상을 수용적으로 받아들이는 일은 아주 중요하다. 내향형 아이가 자주 하는 언어 습관은 "그래 봤자…" "어차피 안 돼요"와 같은 말이다. 이 이야기는 아이가 받아들이기 쉽지 않거나 이해할 수 없는 일을 억지로 강요하는 경우가 많다는 뜻이다.

아이가 적극적인 자세로 세상을 받아들이기 위해서는, 부모나 어른들이 아이의 모든 행동에 스스로 납득할 수 있는 가치를 부여해줘야 한다. 아이가 당연하다고 생각하는 행동에 칭찬과 인정을, 아이의 호기심에 놀라움과 경탄을, 아이가 손해를 보았더라도 정직한 부분에 대해서는 존경을 표현하는 것이다. 자신의 행동에 대한 사회적 피드백으로 성취 경험을 쌓은 내향형 아이는 비로소 세상을 진심으로 받아들이게 된다.

내향형 아이는 한번 형성한 신뢰는 굳건히 유지하지만, 신뢰를 쌓기까지 오랜 시간이 걸린다. 신뢰를 형성하기 위해서는 세상으로부터의 수용, 사랑받는 느낌, 자신의 선택이 존중받는 경험, 자신의 가치를 인정해주는 사람이 필요하다.

부모가 약속을 지키지 않거나, 사실과 다른 이야기를 하면 아이는 세상을 믿을 수 없다고 느낀다. 이는 자신에 대한 느낌으로도 연결된다. 세상을 믿지 못하면 아이는 자기주장을 꺾지 않는 고집을 부리고, 자기 내부로는 스스로에 대한 부정적인 감정을 만든다. 반대로 신뢰받은 내향형 아이는 그 누구보다 적극적이며 창조적으로 세상을 살게 된다. 그러므로 내향형 아이를 키우는 부모는 아이가 건강한 신뢰를 형성할 수 있도록 도와야 한다.

## 가능성을 보는 능력 ★

사려 깊고 신중하게 판단하는 능력으로 비춰봤을때 내향형 아이는 인내력을 기본 소양으로 갖추고 있다. 그런데 내향형 아이가 강한 인내력을 키우는 데에는 걸림돌이 있다. 바로 체념하고 포기하는 성향이다.

모든 상황을 미리 예측해야 하는 내향형 아이에게는 지속적으로 시도하면 좋은 결과를 가질 수 있다는 실제적 경험이 필요하다. 아이는 '승리의 기억'을 사용해 도전과 성취의 영역을 넓히기 때문이다.

도전 능력이 발달하는 만 4~5세에 '틀렸다'거나 '하지 마라'는 말은 삼가고, 아이가 해보고 싶은 대로 끝까지 해볼 수 있도록 지지해야 한다. 설사 그 행동의 결과가 잘되지 않더라도 그 과정에서 어떤 것을 새로이 알게 되었는지, 다음번에는 어떻게 다르게 할 수 있는지를 터득하게 된다. 머리가 아닌 몸으로 느끼도록 돕는 것이 내향형 아이의 인내력을 높이는 가장 좋은 방법이다.

내향형 아이를 체념과 포기를 모르는 아이로 이끌기 위해서는 모든 상황과 사물에서 새로운 가능성을 찾도록 지도해야 한다. 자신이 배운 것 외에 다른 방법으로 시도했을 때 효과를 거둔다면 세상을 바라보는 아이의 시야는 더 넓어질 것이다.

발표를 아주 어려워하는 초등 2학년 남자아이는 1년에 한 번 열리는 재능발표회 날을 가장 두려워했다. 남들 앞에 서서 무언가를 해야 하는 것만으로도 부담이 되는데, 잘해야 한다는 걱정까지 더해져 거의 공포를 느끼는 수준이 되었다. 아이는 무조건 발표회에 참여할 수 없다고 단정했다.

나는 아이에게 재능발표회에 참여할 수 있는 조건을 찾아보자고 제안했다. 아이는 곰곰이 생각한 끝에 몇 가지 조건을 말했다.

첫째, 혼자가 아니라 함께할 수 있을 것. 둘째, 자기 목소리를 내지 않을 것. 셋째, 첫 순서가 아닐 것. 넷째, 너무 자신 없는 일은 뺄 것. 그다음 네 가지 조건에 모두 맞는 발표 과제를 찾았다. 의외로 아이가 할 수 있는 과제가 많았다. 마침내 무대 위에서 4인조 실로폰 연주를 마친 아이는 재능발표회가 별것 아니라고 웃으며 말했다.

바로 이렇게 언제, 어떤 상황에서도 새로운 해결책을 찾을 수 있는 능력을 가졌을 때 내향형 아이는 자유로워진다. 이를 위해 부모는 평소 많은 질문을 통해 어떤 문제에 하나의 정답만 있는 게 아니라 다양한 해결책이 있음을 알려줘야 한다. 무엇을 선택할지는 아이 스스로 정할 수 있다는 의식을 만드는 것이 중요하다.

## 호기심과 탐구능력 ★

내향형 아이는 선천적으로 호기심과 탐구능력이 높다. 하지만 의무적으로 학습시키면 이를 발휘하지 못한다. 어렸을 때부터 아이가 호기심을 지속적으로 확대하게 도와주고, 질문을 습관화해서 늘 틀에서 벗어난 사고를 하도록 이끌어야 한다.

아이를 제한된 틀에서 벗어나게 하는 가장 좋은 질문은 "그 외에 또 다른 방법은?"이다. 항상 또 다른 방법을 찾는 질문 습관을 가진 아이는 끊임없이 창의적으로 자신을 발전시켜 나갈 수 있다.

내향형 아이가 스스로 움직일 때는 어떤 일에 열정이 있을 때다. 요리에 관심이 있던 내향형 아이는 어린 나이에도 여섯 시간 이상 싱크대 앞에 서서 요리를 완성하는 인내력을 보인다. 자신이 좋아하고 필요하다고 생각하는 일에 열정을 쏟아붓기 때문이다. 이러한 에너지는 한결같고 지속적이며 강렬할 것이다. 그들을 움직이게 하고 싶다면 가장 먼저 열정에 불을 지펴야 한다.

열정은 아이가 관심과 흥미를 가진 일에서 찾을 수 있다. 부모는 아이의 관심과 흥미가 어디에 머무는지 늘 관찰하고 그를 지지하는 데 역점을 둬야 한다.

**완벽하지 않아도 괜찮다** ★

부모가 반드시 경계해야 하는 태도가

있다. 가장 대표적인 것이 '완벽주의'다. 완벽주의는 열등감의 또 다른 이름이다. 내향형 아이는 마음속 기준이 상당히 높다. 물론 외향형 아이 중에도 완벽주의는 많다. 하지만 내향형 아이의 예측하는 태도, 창피하고 싶지 않은 마음, 위험이나 실수를 피하려는 경향은 완벽주의를 더욱 강화한다.

완벽주의는 항상 극단적인 편향을 낳는다. 자신의 뜻대로 잘 되지 않으면 완전히 포기해버리거나 무기력해지기 쉽다. 내향형 아이는 자신이 못하는 건 아예 '싫다', '필요 없다'고 해버린다. 이 역시도 완벽주의에서 기인한 태도다. 전체가 아니면 무(無)라는 마음에서 비롯된 것으로, 융통성이 부족한 내향형 아이가 흔히 빠지는 함정이다.

결과보다 과정을 중요시하는 양육 태도, 실수나 실패 후에도 자기만의 가치를 인정받을 수 있는 환경, 비교나 경쟁이 아닌 노력을 인정받을 수 있는 양육자가 있을 때 아이는 완벽주의에 빠지지 않는다.

마음 깊은 곳에 완벽주의 성향을 가지고 있는 내향형 아이는 스스로 만든 기준 외에 다른 상황을 받아들이기 힘들다. 이러한 특성이 부정적으로 발전하면 아집이 된다. 때로 자기만의 틀은 많은 것을 요구하는 세상으로부터 스스로를 보호하는 안전장치로 활용된다. 그러나 이 안전장치는 아이가 새로운 것을 접할 기회 자체를 차단하기도 한다. 창의력, 도전과 시도 능력, 문제 해결력, 융통성과 유연성 등이 모두 제한당할 수 있는 것이다. 안전장치가 없어도 괜찮다는 것, 어떤 도전을 해도 안전하다는 것을 실제적으로 경험하는 게 중요하다.

새로운 아이디어가 있으면 완벽하지 않아도 아주 작은 것부터 실행하는 연습이 필요하다. 아직 완전하게 의식화되지 않은 유아를 제외하고 내향형 아이는 사소한 행동도 생각하지 않고 하는 법이 없다. 그러나 인간의 심리 구조가 그렇듯 생각을 하면 할수록 행동하기 힘들어진다. 특히 새롭거나 어려운 행동은 더욱 그렇다. 생각하면 할수록 그 일이 두려워지고, 생각에 에너지가 너무 집중돼 막상 실제 상황에서는 아무 말도 안 나오던 경험이 있을 것이다. 너무 많은 것을 따지다 보면 긍정적인 기대보다 실패할 수 있는 가능성에 초점이 맞춰지고, 실행하기가 더욱 어려워진다.

이때 아이에게는 부모의 강력한 질문이 필요하다. "그 계획에서 지금 당장 할 수 있는 일 한 가지만 생각해본다면 무엇일까?"라고 물어보자. 작은 것 하나를 성취하면 그다음 그림은 자연스럽게 그려지는 법이다.

# 부모와 아이가 함께하는 마음 챙김 훈련

### 도구를 사용해 감정 표현하기 ★

감정을 잘 표현하지 않는 내향형 아이에게는 '감정카드'와 같은 도구가 효과적이다. 여기서 말하는 감정카드는 [그림4]처럼 한 카드에 감정 단어와 그 단어에 맞는 표정을 넣어 만든 카드다.

이 카드는 마음속에서 일어나는 많은 감정을 표현하는 데 서툰 아이에게 매우 유용하다. 특히 유아나 초등 저학년 아이들은 감정을 예민하게 느끼지만 그것을 어떻게 표현해야 좋을지 모른다.

이때 서로 감정을 잘 교류하고 표현할 수 있도록 감정카드를 사용하는 것이 좋다.

아이가 냉장고나 책상, 방문 앞에 오늘의 감정카드를 붙여놓으면 부모는 그를 바탕으로 아이와 대화의 물꼬를 틀 수 있다. 부모 역시 아이처럼 감정카드를 써도 좋다. 오늘 엄마의 기분이 어떤지 감정카드로 말하며 "왜 이런 기분이 들었을까?" 하고 아이에게 질문해보자. 아이가 현재 상황, 상대방의 감정에 대해 어떻게 느끼는지 알 수 있다.

[그림4] 감정카드

## 아이에게
## 적합한 운동을 찾아라 ★

　　　　　　　　　　어릴 때는 활동적인 내향형 아이도 성장할수록 밖에 나가는 것보다 집에 있길 바라는 경향이 크다. 또한 축구, 야구와 같이 경쟁적인 운동의 팀워크에 상당한 부담을 가지기도 한다. 그러므로 아주 어렸을 때부터 아이에게 적합한 운동을 찾는 것이 좋다.

　운동은 내향형 아이의 활동성을 높이고 자신감을 갖게 하는 좋은 방법이다. 보통 내향형 아이에게 좋은 운동은 걷기, 수영, 배드민턴, 테니스, 탁구 등이다. 혼자 할 수 있거나 소그룹 운동이라는 공통점이 있다. 축구나 야구처럼 팀플레이가 강조되는 운동은 내향형 아이에게 적합하지 않다. 경쟁에 압도되기도 하고, 자기 역할을 제대로 하지 못할까 봐 걱정이 앞서 즐기지 못하는 탓이다.

　아이에게 적합한 운동은 제한되어 있는 아이의 영역을 밖으로 확장하게 만든다. 또한 작은 성공 경험을 반복적으로 쌓을 수 있는 기회가 생긴다. 이러한 경험은 내향형 아이를 적극적으로 만든다. 운동이 습관이 되면 아이는 그것에서 즐거움을 찾고, 평생 운동을 즐길 줄 아는 건강한 성인으로 성장할 것이다.

## 분노를 조절하는 훈련

예민하고 섬세한 내향형 아이는 불쾌한 외부 자극이 있을 때 극도로 민감해진다. 그런데 그 불쾌한 감정을 이해하고 받아들이는 능력이 형성되기 전까지는 감정을 표현하지 않고 그저 참는다. 참는 과정에서 받는 압박이 매우 심하기 때문에 어느 순간 폭발적인 분노로 스트레스를 표출할 수 있다.

부모는 아이가 외부 자극을 받아들일 때 민감해지는 시점을 스스로 자각할 수 있도록 도와야 한다. 아이가 싫어하거나 심하게 스트레스를 받는 자극 신호를 구분하는 훈련부터 시작하는 것이다.

"자, 이건 네가 싫어하는 일이어서 네 신경이 조금 예민해지고 있어."

이렇게 말하면서 부모는 아이가 자신의 신체 언어를 알아차리게 도와야 한다.

"이것 좀 봐, 네가 기분이 안 좋아지면 물건을 탕탕 내려놓고, 발을 쾅쾅 구르는데 너 알고 있었어? 이건 네가 화나기 시작한다는 신호인데…."

"자신이 없어지면 너도 모르게 어깨는 축 처지고, 눈은 바닥만

쳐다보네. 지금 마음이 많이 불편해 보이는데…."

이런 식으로 아이가 아직 깨닫지 못한 감각이나 감정 신호를 알 수 있도록 돕는다. 만약 이때 아이가 나쁜 기분에 대해 이야기 할 수 있는 상황이라면 감정 신호를 깨닫는 것만으로도 아이의 상태가 좋아질 수 있다. 그러나 몹시 흥분한 상태라서 의사 표현이 힘든 상황이라면 심호흡을 하거나 좋은 상상을 하며 기분을 가라앉히게 도와주자.

"심호흡 열 번만 해볼까? 자, 지금 기분은 어때?"
"지금 기분을 그림이나 낙서 같은 것으로 표현해볼까?"

아이에게 가장 적합한 방식으로 기분을 풀 수 있다는 것을 상기시킨다. 그리고 나아진 기분으로 싫었던 일에 대해 다시 생각하게 해서 좋은 해결책을 찾을 수 있도록 한다.

분노조절이 안 되었던 초등 1학년 남자아이와 엄마도 이 방법을 사용했다. 아이가 화가 나기 시작하면 엄마는 "또 분노도깨비가 찾아왔구나"라는 대화로 감정을 인식하게 도와줬다. 아이는 계속 자기를 괴롭히는 분노도깨비를 어떻게 몰아낼지 여러 방법을 찾았다. 동생과 싸웠다면 우선 자기 방으로 들어가 화나는 일이 있는 상황에서 벗어났다. 그 후 자신이 좋아하는 레고 놀이를 하며 마음을 달랬다. 그렇게 아이는 동생에게 화내지 않고 자신이 원하는 것을 말할 수 있게 되었다.

## 감각, 감정, 의지를 일치시키자 ★

미리 예측하는 것이 중요한 내향형 아이가 긍정적인 상상으로 부정적 기대를 줄여나가는 방법이 있다. 아이에게 행복한 이미지를 심어주는 것이다. 그 이미지는 아이들이 부담스럽고 피하고 싶은 일을 앞뒀을 때 힘과 성공 경험을 가져다주는 자신감의 상징과도 같은 것이다. 이 방법은 많은 스포츠 선수가 결정적인 시합을 치르기 전 사용한다. 자신감을 북돋는 자기만의 메시지와 이미지를 떠올리며 감정을 가라앉히고 의지를 고양하는 것이다.

내향형 아이에게는 자신감 메시지를 만드는 일이 아주 중요하다. 이를 사용할 수 있는 방법은 다음과 같다.

첫째, 자신이 가장 자신감 넘쳤던 상황을 상상하게 한다. 둘째, 그 상황을 색깔, 모양, 형태, 이미지 등 감각적으로 충분히 느끼게 한다. 셋째, 그 느낌을 하나의 이미지로 만들어 몸속에 저장하게 한다.

나에게 찾아온 아이 중 발표 불안이 심한 친구가 이 방법으로 불안을 극복했다. 아이는 1학년 때 피아노 발표회를 무사히 마친 성공 경험을 떠올리며 영화 〈인사이드 아웃〉의 '기쁨이'를 자기 캐릭터로 만들었다. 기쁨이가 계속 자신에게 해주는 말은 '용기를 내, 넌 할 수 있어'로 정했다. 당시에 기쁨이 캐릭터가 큰 인기를 얻고 있던 터라 기쁨이 캐릭터 배지를 구할 수도 있었다. 아이는 매일 학교에 갈 때마다 기쁨이 배지를 가슴에 달고 갔다. 아이는 학교에서 발표를 할 때나, 선생님이 질문했을 때 기쁨이와 함께 있다고 생각하니 용기가 생겼다고 말했다.

이렇게 내향형 아이는 특히 자기 내면에서 올라오는 의지와 에너지를 온몸으로 느끼게 도와주고 실제 생활에서 활용할 필요가 있다. 부모와 아이가 그 메시지를 함께 공유한다면, 평소에도 아이를 지지하고 격려할 때 사용할 수 있다.

### 자신감 넘치는 보디랭귀지 훈련 ★

보통 우리는 다른 사람과 처음 만날 때 그의 전반적인 이미지를 보며 첫인상을 규정한다. 여기에서 이미지는 표정, 태도, 자세 등이다. 즉, 그 사람이 선보이는 모든 비언어로 그의 감정이나 건강 상태, 성격까지 추측한다. 그렇다면 내향형 아이들의 태도와 자세, 표정은 어떠할까?

내향형 아이는 다른 사람을 볼 때 눈을 맞추지 않고 무표정하다. 또한 약간 조심스러운 자세를 취하며 발걸음이 느리다. 이러한 비언어는 다른 사람에게 자신을 소극적으로 보이게 한다. 또한 자기 심리 상태 역시 위축될 수 있다. 자신을 인정하고, 그 속에서 매 순간 자신감을 느끼게 하는 비언어적 신호가 있다면 아이들은 달라질 수 있을까?

이 개념은 하버드 경영대학원 에이미 커디 교수의 '프레즌스(presence)'라는 혁신적 심리이론이다. 프레즌스는 '행동을 바꾸면 마음이 바뀐다'는 기본 원리를 전제로 한다. 커디 교수는 프레즌스가 '자신의 진정한 생각, 느낌, 가치, 그리고 잠재력을 최고로 이끌어낼 수 있도록 조정된 심리 상태를 유지하는 것'이라고 정의한다. 즉 미리 걱정하지 않으며 현재에 몰입하고, 자신에게 최고의 긍정적 기대를 가지며, 생각에 매이지 않고 경험에 온전히 몰입하는 상태를 유지하는 것이다. 내향인들에게는 다소 어려울 수 있다.

좀 더 쉬운 이해를 위해서 이 프레즌스를 실천한 초등 5학년 혜진이의 예를 들어보자. 혜진이는 늘 아래로 숙인 자세라서 등이 많이 굽었고, 어깨는 안으로 말려들어가 있었다. 시선은 앞을 본다기보다 제 가슴 안쪽에 머물러 있는 듯했고, 얼굴에는 웃음기가 전혀 없었다. 항상 불안해서 엄마 옆에서만 자려 하고, 어떤 일에도 활력을 보이지 않았다. 혜진이는 무언가를 해내고 싶어 했다. 하지만 엄두를 내지 못했고, 성공 경험도 없기에 상당히 우울한 상태였다.

나는 혜진이의 눈앞에 물체를 하나 두고 "이것이 네가 원하는 목표야"라고 규정했다. 그리고 평소대로 굽은 자세에서 그것을 보라고 했다. 혜진이는 아무것도 보이지 않고 막연하다고 했다. 무엇이든 할 수 있다는 마음은 당연히 들지 않았을 것이다. 그다음은 벌떡 일어나 가슴을 펴고, 시선을 45도 위로 향하면서 목표로 규정된 물체를 바라보라고 했다. 그리고 다시 어떤 느낌이 드는지 물었다. 혜진이는 "잘 모르겠지만 기분은 나아지는 것 같아요. 해볼 수도 있겠다는 마음? 그런 마음이 조금 생겨요"라고 답했다.

바로 이것이 프레즌스를 실천하는 아주 간단한 원리다. 자세만 바꾸어도 감정과 그 감정에 따르는 의지가 변화될 수 있는 것이다.

지금부터 자녀를 자세히 관찰해서 아이가 자신 있고 활기찰 때의 비언어를 잘 기억해두자. 그리고 매일 그 비언어를 그대로 사용해 아침을 맞이하는 훈련을 함께 해보자.

"눈은 크게 뜨고 조금 높은 곳을 쳐다보며, 가슴은 쫙 펴고, 팔다리는 가장 긴 상태로 늘려주면서, 입가에 미소를 띠어볼까?"

이렇게 할 때 느낌이 어떤지, 오늘 하루가 어떻게 느껴지는지 아이에게 피드백을 해주자. 아이는 아침에 일어나면서 스스로 자신의 비언어를 바꾸기 시작할 것이다.

# '자기'다운 아이,
# '자기'다운 부모

### 각각의 개성이
### 지닌 가치 ★

사람에게는 본성적으로 가지고 태어나는 자기만의 '씨앗'이 있다. 씨앗은 자기만의 모양과 형태를 가진 개성적 존재이며, 세상에 필요한 자기만의 가치를 머금는다. 사람이 가지는 본성도 씨앗과 유사하다. 그럼에도 불구하고 우리는 자꾸만 자신이 가진 본성의 씨앗을 바꾸려 한다. 마음에 들지 않고 좋은 성과를 갖지 못한다고 불평하면서 바꾸고 고쳐 완전히 다른 것으로 변화시키려 애쓴다.

그 시도는 상당히 무의미하다. 해바라기 씨앗으로 장미를 피울 수 없듯, 성격을 바꾼다고 완전히 다른 그 무언가가 될 수는 없다. 그보다 자신에게 가장 적합한 온도와 습도, 비료를 찾는다면 가장 건강하고 아름다운 열매를 맺을 수 있다.

이 상황을 우리 자신에게 적용해보자. 이 씨앗은 아마도 심리적으로 말하는 '자기(self)'에 가까울 것이다. 그런데 자기는 환경에 적응하기 위해 사회에서 요구하는 여러 가지 가면을 쓰고 살아간다. 그 가면을 우리는 사회적 기술이라 말하기도 하고, 적응력이라고도 한다.

현대사회는 오늘날의 기준에 맞는 사회적 가면을 '유능함'이라 일컫는다. 발표를 잘하고, 언제나 당당하게 우월함을 드러내고, 운동 능력이 뛰어나고, 원만한 대인관계를 맺는 만능 엔터테이너가 되라고 우리 자녀들에게 요구한다. 외향적 기준이 보다 우월하고 효율적인 가치로 인식되는 사회적 메커니즘 탓이다.

내향형 아이는 현대사회의 기준을 따르려고 '자기다움'을 잃고 있다. 몸에 맞지 않는 '사교력'으로 자신을 무장하고, 마음 한구석에서 일어나는 열등감은 사회가 요구하는 '추진력'과 '순발력'으로 밀어낸다. 수많은 사회적 과업을 어쩔 수 없이 받아들여야 할 의무로 여기며 살아가는 것이다. 이렇게 아이는 자기의 모습을 부정하고, 왜곡하며, 바꾸어야 할 약점으로 인식한다.

부모 역시 같은 메커니즘 안에 살고 있다. 자신과 아이를 부정하는 부모는 걱정과 우려, 조바심이 일기 때문에 아이를 있는 그대로 보기 어렵다. 나날이 무기력해지는 아이를 밀고 당기느라 에너지도 모두 소진된다. 외부의 작은 피드백에도 불안하고 속이 상한다.

요즘 우리 사회의 부모들은 아이를 사랑하는 본성적 마음을 잊은 채 누구를 위한 것인지도 모를 기준과 목표를 향해 달리고 있다. 이는 부모도 아이도 자기다움을 잃게 되는 과정이다. 자기다움을 잃은 사람은 자신감이 없고, 마음의 평화를 이루기 힘들다. 지금 현재의 즐거움을 느끼거나 감사할 수 없다. 또한 자신을 부족한 존재로 여겨 끊임없이 후회하며, 목표를 이루려고 자신을 궁지에 몰아넣는다. 지금 이곳에서 자라는 아이들의 불행한 모습이자, 우리 부모들의 자화상일 수 있다.

## 자기다운 부모가 최고의 부모다 ★

지금까지 우리 사회는 빠르고 도전

적이며 어떤 위험도 감수해내고 지극히 사회적인 성격, 즉 외향적인 사람을 바람직한 인물상으로 믿어왔다. 이는 곧 외향적 기준이 사회의 성공 기준과 동일시되고 있다는 의미이기도 하다.

그런데 최근에는 이 사회적 기준이 많이 흔들리고 있다. 애플 창업자 스티브 잡스, 마이크로소프트 창업자 빌 게이츠, 버크셔 해서웨이 CEO 워런 버핏, 전 미국 대통령 에이브러햄 링컨 등 현대사회에서 성공한 사람들 중 다수가 내성적인 성격을 가지고 있는 것으로 알려져 있다.

내성적인 리더는 외향적인 리더와는 다른 강점으로 사람들을 이끈다. 외향적 성격의 리더는 위험이 뒤따르는 난제에 맞닥뜨리면 "해보자"라며 다소 즉흥적인 결정을 하는 반면에, 내성적 성격의 리더는 "이 일을 하는 것이 과연 타당한가"라며 신중하게 접근해 실패의 확률을 줄인다. 또한 내성적 리더는 말하기보다는 듣는 것을 좋아해 외향적 리더보다 의견 수렴에 능하다. 이러한 내성적인 리더의 강점에 주목하면서 자연스럽게 '내향성'에 대한 관심도 높아지고 있다. 내향성에 대한 관심은, 이런 사회에서 자신의 타고난 강점을 잃어버리거나 왜곡하는 내향인의 잠재력과 가능성을 조명하기 위한 시도로 보인다.

데이비드 도브스는 내향형 아이의 성장에 대해서 다음과 같이 말했다.

"어떤 아이는 민들레와 같아서 어느 환경에서나 잘 자랄 수 있다. 반면 반응성 높은 아이는 난초처럼 쉽게 시들지만, 적절한 조건이 갖추어지면 강하고 근사하게 자라난다."

결국 인간의 행복한 성장은 '자기'를 있는 그대로 수용하면서 자신이 갖고 있는 강점을 가장 적극적으로 펼칠 수 있도록 도와주는 환경에 의해 좌우된다는 의미다.

상담을 하다 보면 내향형 아이를 키우며 어려워하는 많은 부모를 만난다. 예민하고 까다로우며 환경 적응에 시간과 노력이 많이 투자되는 아이들에게 꼭 맞는 환경을 조성하는 일은 매우 어렵다. 내향형 아이가 좋은 부모를 만나 자신에게 적합한 환경에서 자랄 때 진정한 자기를 찾듯, 내향형 아이를 위해 세심한 주의를 기울이고 끊임없이 인내할 때 부모 역시 온전히 자기를 이해하며 받아들일 수 있다. 그 경험을 즐기고 감사할 줄 알며 진심으로 '자기'를 사랑하는 부모야말로 내향형 아이에게 가장 좋은 부모다. 다음은 내향형 아이가 자신의 잠재력을 최대한 발휘하기 위해 가져야 하는 부모의 태도 십계명이다. 이 십계명을 머릿속 한편에 담아두고, 고민의 순간이 올 때마다 꺼내보며 우리 아이의 잠재력을 마음껏 펼칠 수 있도록 하자.

### 내향형 아이의 부모 십계명

1. 천천히 아이의 보폭에 맞추어라.
2. 예측하게 하라.
3. 약속과 계획은 반드시 지켜라.
4. 철저히 중립적이 되어라.
5. 그들이 선택하게 하라.
6. 꼼꼼하게 경청하고, 섬세하게 공감하라.
7. 아이의 가장 친한 친구가 되어라.
8. 아이는 자기 방식으로 말한다. 어떤 표현도 받아들여라.
9. 신뢰와 인정으로 아이의 가치를 높여라.
10. 좋은 사회적 모델이 되어라.

# 일상 속 엄마의 고민 Q&A
"이럴 땐 어떻게 해야 하나요?"

**Q. 아이가 신학기만 되면 불안해해요. 아마 낯선 상황에 적응하는 것이 어려워서인 것 같아요. 매번 이러니 사회생활이 걱정되는데, 어떻게 교육시키면 좋을까요?**

**A.** 낯선 환경에 적응하는 것은 내향형 아이에게 쉽지 않은 일이죠. 외향형 아이들이 낯선 환경에 호기심을 갖는 것에 반해 내향형 아이는 경계심이 생길 수 있습니다. 연령이 높아질수록 경험을 통해 아이들의 경계심, 두려움이 차츰 없어집니다.

아이의 불안을 억지로 무마시키려 하지 마세요. 그 감정을 이해해주고 아이가 성공 경험을 꺼내볼 수 있도록 도와줘야 합니다. 예를 들면 유치원 재능발표회에서 무대 위에 섰던 일과 같은, 쑥스러웠지만 잘해왔던 일들을 기억하면서 자신감을 갖게 하는 것이지요. 굳이 어떤 교육을 시키려 하기보다는 일상에서 자기도 모르게 용기를 내어 도전했던 일이나 낯선 상황에 적응했던 승리의 기억을 떠올리게 하고, 아이 스스로 가치와 의미를 부여하도록 도와주세요.

**Q. 저희 아이는 말이 없는 남자아이예요. 평소 얌전하고 조용하다 보니 다른 아이들이 함부로 대하는 것 같아요. 워낙 말이 없어 괴롭힘을 당해도 부모에게 말하지 않을 것 같아 걱정이에요. 괴롭힘에 대처하는**

**방법은 무엇일까요?**

**A.** 내향형 아이는 평화를 중요하게 여기므로 이런 일이 많습니다. 외향형 아이들은 상대가 괴롭힐 때 단순히 자기에게 싸움을 건다고 생각하지만, 내향형 아이는 상대가 자기를 싫어하거나 무시한다고 생각하는 등 감정적인 부분으로 비약하기 쉽습니다. 어제까지 잘 놀던 친구가 오늘 자신을 놀리면 내향형 아이는 이해하기가 힘듭니다. 왜냐하면 지금까지 자신과 맺었던 관계의 측면에서 볼 때 그 행동은 용납하기 힘든 것이니까요. 그래서 더 고통스러워합니다.

내향형 아이가 괴롭힘을 당한다고 말하지 않는 경우도 많은데, 이는 문제를 크게 일으키고 싶지 않기 때문입니다. 나아가 그 일에 대한 자책이 심하다는 의미이기도 합니다. 이 경우 짜증이 많아지고 악몽을 꾸거나 일상에서 안절부절 하는 등 불안 증세를 보입니다. 혹은 밥을 먹지 않는 등 의욕이 없어 보이기도 하고요. 이런 행동이 보이면 부모가 바로 개입해야 합니다.

괴롭힘을 당하는 것은 아이의 잘못이 아니라는 점을 분명하게 알려야 합니다. 자신이 부족해서, 또는 약해서 괴롭힘을 당한다고 생각해 수치스러워할 수 있기 때문입니다.

그다음 괴롭히는 아이의 관점에서 그 의도를 생각해보게 하세요. 보통 괴롭히는 아이들은 한 아이만 괴롭히지 않습니다. 자신의 힘을 과시하기 위해서 다른 아이들에게도 비슷한 행동을 한다는 점을 아이가 이해하면 도움이 돼요. 또한 괴롭힘을 당할 때 대처할 수 있는 방법에 대해 함께 브레인스토밍을 해보세요. 여러 가지 방법을 생각한 후 아이가 직접 할 수 있는 방법을 찾아내고 반복해서 연습하면 좋아요.

마지막으로, 자신을 도울 수 있는 자원을 찾게 도와주세요. 함께 다니는 친구가 있는지, 교사나 부모 등 다른 성인에게 어떻게 알릴 수 있는지 자세하게 아이와 토론하는 것입니다. 이를 통해 아이 주변에 자신을 지지하는 자원이 많고, 그를 언제든지 활용할 수 있다는 점을 알려주세요.

**Q. 초등 1학년인 우리 딸은 친구관계가 어려운 것 같아요 워낙 수줍음도 많고 먼저 다른 사람에게 말을 거는 편이 아니라, 학교생활 적응을 위해 제가 도와줘야 할 것 같아요. 어디까지 개입하면 좋을까요?**

**A.** 초등 1학년은 외향형 아이들에게조차 낯선 환경입니다. 아이들이 평소처럼 마음 편한 상태가 아닙니다. 특히 내향형 아이라면 친구 사귀기가 쉽지 않을 거예요.

현재 사회적 상황과 아이의 상황을 고려해 엄마가 친구 그룹을 만들 수 있도록 분위기를 형성해주는 것은 좋습니다. 다만 이때 너무 많은 친구들을 한꺼번에 모으지 마세요. 낯선 장소보다는 집에 두세 명의 친구를 불러 함께 놀게 하세요. 집에 부르는 친구를 자주 바꾸는 것은 좋지 않고, 한 명의 아이라도 지속적인 관계를 유지하도록 도와주는 것이 바람직합니다.

여기에서 중요한 것은 부모가 환경을 조성하는 일까지만 도와줘야 한다는 점입니다. 소극적인 아이라 해서 학교생활을 하나부터 열까지 다 알려고 들면, 아이가 자신감을 잃게 됩니다. 아이를 더욱 의존적으로 만들 수도 있고요. 분위기만 형성하고, 아이가 자기 몫을 해낼 것을 믿어주세요.

**Q. 제가 보기에 수동적이고 소극적인 우리 아들이 무척 걱정돼요. 부모가 어떻게 해야 아이가 바뀔 수 있을까요?**

A. 수동적이고 소극적인 특성을 가진 남자아이의 부모들이 걱정이 더 많은 경향이 있습니다. 신체적인 활동을 하면서 관계를 맺는 남자아이들의 특성상 정적인 남자아이가 참여할 수 있는 일이 적기 때문입니다.

그러나 이 경우 아이를 바꿔야 한다는 부모님의 관점부터 바꾸는 것이 좋습니다. 바꿔야 한다고 생각하면 아이에게 어려운 일을 자꾸 해보라고 하거나 다그칠 가능성이 높습니다. 그런 경우 아이는 자신이 열등하다고 여겨 수동적이고 소극적인 성향이 두드러지게 됩니다. 어떤 일이든, 아이가 좋아하거나 잘하는 것 중심으로 다른 아이들과 그것을 공유할 수 있도록 도와주세요.

**Q. 전 어렸을 때 수줍음도 많고 조용했지만 사회생활을 하면서 상당히 적극적이고 사교적으로 변했어요. 외향성과 내향성은 환경에 따라 변화하는 것 아닌가요?**

**A.** 외향성과 내향성은 인간의 기질과 연관된 특성입니다. 기질은 유전과 연관되어 있으므로 일평생 변화하지 않습니다. 어렸을 때보다 적극적이 되셨다면, 이는 내향적 특성에서 외향적 특성으로 변화된 것이 아니라 환경 적응 능력이나 기질의 건강성이 강화된 것입니다. 사회적 관계의 폭이 넓어지고 낯선 환경에서도 자기를 잘 노출하게 된 것은 자기 자신의 행동에 대한 자신감이 높아졌기 때문이지요.

내향성이든 외향성이든, 자기 에너지의 근원이 어디서 시작되는지 아는 것이 중요합니다. 설사 행동 패턴이 조금 바뀌었다 해도, 내향성이라면 에너지의 근원이 외부가 아닌 자기 내부에서 시작된다는 것을 느낄 수 있을 것입니다.

**Q. 아이가 친구에게 할 말을 충분히 못하는 것 같아요. 내향적이라도 사회생활을 하려면 할 말은 해야 한다고 생각하는데, 어떻게 해야 할까요?**

**A.** 내향형 아이는 경험했던 일, 배웠던 일, 느꼈던 일에 대한 기억력이 좋습니다. 아이가 표현력이 떨어진다고 생각되면 표현할 기회를 많이 주시면 됩니다. 부모와의 대화 연습이 아이들에게는 큰 힘이 될 것입니다.

대화를 훈련하는 방법은 가상의 상황을 두고 "너라면 어떻게 할 거야?" "만약 네 마음대로 할 수 있다면 어떻게 해보고 싶어?" "만약 엄마가 상대방이라면 어떻게 말할 거야?" 등의 질문으로 아이의 표현을 촉진하는 것입니다. 또한, 아이가 그 표현을 직접 해볼 수 있는 연습 기회를 제공하는 것이 좋습니다.

**Q. 아이가 혼자 노는 것을 너무 좋아합니다. 혼자 놀 때 옆에서 개입하거나 딴 일을 시키면 화를 내기까지 합니다. 아이가 이렇게 함께 놀기를 전혀 원하지 않는데도 함께 놀아줘야 할까요?**

**A.** 아이가 충분히 자기 놀이에 몰입하고 있는 것 같네요. 혼자 몰입해 노는 시간을 보장해줘야 하지만, 한창 상호작용 능력이 발달해야 할 시기에 지나치게 혼자만 노는 것은 좋지 않습니다.

혼자 노는 놀이와 그렇지 않은 놀이의 밸런스를 맞춰야 합니다.

그다음 점검할 것은 놀이에 개입할 때 어떤 형태와 내용을 가지고 개입하느냐는 문제입니다. 아이의 놀이 흐름을 깨고 엄마 아빠가 궁금한 것을 질문한다든지, 무언가를 계속 가르치려 한다면 아이는 부모님과 놀고 싶지 않을 것입니다. 앞서 언급했듯 아이의 행동을 계속 따라가면서 순수한 호기심으로 아이와 호흡을 맞춰야 합니다. 그래야 아이가 부모와의 시간을 놀이의 한 부분으로 인정할 것입니다.

**Q.** 저희 아이는 다섯 살 남자아이인데, 질문에 대답을 하지 않아요. 그뿐 아니라 무언가 지시하는데도 자기 할 일만 하고 있어요. 혼을 내거나 벌을 주는 것도 잦으면 좋지 않을 텐데, 큰소리가 나지 않으면 움직이지 않으니 어떻게 훈육해야 할까요?

**A.** 아이들이 질문이나 부름에 대답하지 않는 이유가 있습니다. 첫째는 현재 자신이 하고 있는 일에 몰입할 때고, 둘째는 그 질문이 자신의 관심사가 아닐 때입니다. 마지막으로 자신에게 불리할 때도 대답하지 않죠.

아이가 대답을 하지 않는 이유가 무엇인지 일단 살펴보시고, 첫 번째인 경우에는 아이의 앞에 가서 손을 잡고 눈을 보고 말하는 것이 좋습니다. 두 번째인 경우라면 부모님이 질문하는 타이밍을 잘 맞춰 아이의 관심사나 생각과 맞물릴 때 질문하는 것이 좋습니다.

만약 아이가 열심히 레고 놀이를 하고 있는데, 엄마가 외출을 해야 한다고 하면서 언제 옷 입고 준비할 것인지 질문했다고 가정해봅시다. 이때 아이의 대답을 듣기는 어려울 것입니다. 이 경우 먼저 레고에 대해 관심을 표명해주고 어느 정도 수준으로 완성시키고 싶은지, 완성하는 데 시간은 얼마나 걸리는지 등에 관해 물어봐야 합니다. 그 후 외출과 시간을 연관시켜 아이가 예측하고 선택하도록 도와야 합니다.

마지막 경우에는 그간의 질문이 아이의 대답과 상관없는, 부모의 일방적인 지시가 많았음을 깨달아야 합니다. 아이들은 본능적으로 이를 잘 파악하니까요. 자꾸 다그치기보다는 아이의 마음을 알아주고, 아이의 선택을 존중한다는 점을 충분히 전달해야 이러한 양상이 사라질 수 있습니다.

**Q. 일곱 살 여자아이의 엄마입니다. 아이가 화가 나면 방문을 걸어 잠그고 꼼짝도 하지 않아요. 아직 어린아이인지라 혼자서 어떤 행동을 할지 걱정이 됩니다. 아이가 무엇을 원하는지 몰라서 계속 문을 열고 이**

야기하자고 하지만, 아이는 절대 문을 열지 않아요. 이런 행동은 바꿔줘야 하는 것 아닐까요?

**A.** 내향형 아이는 섬세해서 외향형 아이들에 비해 감정 전환이 쉽지 않습니다. 정말 기분이 상한 경우 자신의 감정 조절을 위해 혼자 있기를 바랍니다. 똑같이 문을 닫아도 외향형 아이들은 자신이 얼마나 화가 났는지 알아주길 바라지만, 내향형 아이는 자기감정을 혼자 정리할 수 있는 시간을 갖길 바랍니다. 이를 존중해서 아이가 감정을 추스를 때까지 자신의 공간과 시간을 보장해주는 게 좋습니다.

다만, 이때 아이에게 네 가지를 분명히 밝혀야 합니다. 첫째, 너의 감정을 인정하고 공감해주고 싶다. 둘째, 힘든 너를 돕고 싶다. 셋째, 함께하기를 바라고 있다. 넷째, 너와 아주 가까운 곳에서 너를 생각하며 기다리고 있다. 이를 통해 아이에게 존중과 안정, 신뢰를 주는 것이 좋습니다.

**Q.** 저희 아이는 세 살 때부터 어린이집에 함께 다닌 친구들이 있습니다. 그런데 일곱 살이 되니 이 친구들과 놀려고 하지 않아요. 제가 보기에도 성향이 달라서 아이가 힘든 것 같아요. 놀지 않는 편이 좋을까요?

**A.** 성향이 다른 아이들과 놀 때에는 상당한 이해심과 사회적 기

술이 필요합니다. 그렇지만 성향이 달라서 배우는 점도 많이 있으니 무조건 배척하는 것도 좋지 않습니다. 아이가 친구와의 관계를 버거워한다면 시간과 공간을 배려해주는 것이 좋습니다. 다시 말해 그 친구들과 너무 오랜 시간 놀지 않게 하고, 특히 대단히 활동적인 외향형 아이와의 놀이라면 가능한 한 집에서 놀게 해주세요. 부모가 옆에 있으면 아이가 스스로 해결할 수 없는 문제에도 안정적 기반이 있다고 생각하고, 평소보다 활기차게 놀 수 있을 것입니다.

**Q. 제가 보기에 우리 아이는 상당히 내향적인데, 항상 학급에서 가장 활동적이고 장난을 잘 치는 친구들과 놀아요. 매일 끌려다니는 듯한데 왜 그 친구들과 놀까요? 심지어 그 친구들이 하는 거친 행동을 따라 하기도 해요. 이 아이들과 함께 노는 것이 좋을까요?**

A. 내향형 아이라고 해서 활동적인 일을 싫어하는 것은 아닙니다. 내향형 아이는 예상하지 못한 상태에서 과도하게 자신을 자극하는 일을 싫어하는 것일 뿐이니까요. 활동적인 친구들과의 놀이를 상당히 즐기기도 합니다.

다만 에너지의 양이 다르기 때문에 쉽게 지치고, 함께 장난을 친다 하더라도 만족 수준이 다르기에 아이가 받아들일 수 없는 부분이 있을 겁니다. 그럴 때 상처를 받는 것이죠. 함께 놀더라도 자신이 싫어하는 일은 하지 않을 수 있고, 모든 것을 함께할 필요는 없단 사실을 알려줘야 합니다.

**Q. 아이가 한번 제대로 못한 일은 다시는 하려고 하지 않아요. 여섯 살 때 유치원에서 글씨를 제대로 못 쓴다고 혼난 적이 있는데요. 그때부터 자신을 글씨 못 쓰는 아이로 규정하고 쓰는 활동을 거부해서 학교생활에 어려움을 겪고 있어요. 어떻게 하면 좋을까요?**

**A.** 내향형 아이는 과거의 감각, 느낌 등을 잘 기억합니다. 그래서 나쁜 기억이 생기면 좀처럼 벗어나지 못하지요. 지적이나 비판을 받는 일에도 예민하기 때문에 좋지 않은 경험은 아이를 시도조차 못하게 만듭니다. '나는 글씨를 제대로 못 써'라는 내면의 목소리가 아이의 행동을 차단하는 것이지요.

아이가 다시 도전하게 만드는 데 가장 효과적인 방법은, 아이 스스로 자기를 비판하지 않게 하는 것입니다. 보물찾기를 하기 위해 쪽지를 적게 만든다든지, 퍼즐처럼 숨은 글자를 찾아 써보게 하는 등 재미있는 놀이나 퀴즈, 색다른 방법으로 글씨를 접하게 해주세요. 그리고 그 성취를 높게 평가해주면 아이가 자신을 새롭게 인식하는 계기가 됩니다.

**Q.** **초등학교에 갓 입학한 남자아이를 키우고 있습니다. 유치원까지는 크게 문제가 없었는데, 학교에서 선생님이 시키는 일이 자신의 마음에 들지 않으면 그저 가만히 앉아 있답니다. 선생님이 관심을 가지고 남겨서 혼자 그 일을 수행하게도 했지만, 태도가 크게 바뀌지 않는다고 해요. 어떻게 하면 좋을까요?**

**A.** 사실 학교생활에 적응하지 못하는 아이는 많습니다. 유치원까지 자유로운 환경에서 지내다가 규칙적인 학교에 갔을 때 아이들은 단번에 적응하기 어려울 수 있습니다. 그런데 이때 내향형 아이가 겪는 어려움 중 하나가 바로 소통하지 않는 것입니다. 힘들면 힘들수록 말을 하지 않고 침잠해버리기 때문에 적응이 어려운 경우가 많습니다. 자신에게 버거운 일을 하거나 도움이 필요할 때, 못한다고 이야기하거나 시간을 달라고 이야기하는 등 어떤 형태로든 자기 의사를 밝히면 상대가 도와주기 쉬울 것입니다.

과제를 수행하지 않는 것이 반항이나 규칙 위반은 아닙니다. 아이가 아직 준비되지 않았을 뿐이니 시간을 주고 기다려주세요. 그리고 자신의 상태를 선생님께 표현할 수 있도록 도와야 합니다. 어려울 때 자신의 입장을 상대방에게 알리는 방법을 아이와 함께 연습해보세요.

KI신서 7332
# 내성적 아이의 힘

1판 1쇄 인쇄 2018년 2월 19일
1판 7쇄 발행 2024년 3월 22일

**지은이** 이정화
**펴낸이** 김영곤 **펴낸곳** (주)북이십일 21세기북스
**디자인** 강수진
**출판마케팅영업본부 본부장** 한충희
**출판영업팀** 최명열 김다운 권채영 김도연
**제작팀** 이영민 권경민

**출판등록** 2000년 5월 6일 제406-2003-061호
**주소** (10881) 경기도 파주시 회동길 201 (문발동)
**대표전화** 031-955-2100 **팩스** 031-955-2151
**이메일** book21@book21.co.kr

**(주)북이십일 경계를 허무는 콘텐츠 리더**
21세기북스 채널에서 도서 정보와 다양한 영상자료, 이벤트를 만나세요!
**페이스북** facebook.com/jiinpill21 **포스트** post.naver.com/21c_editors
**인스타그램** instagram.com/jiinpill21 **홈페이지** www.book21.com
**유튜브** www.youtube.com/book21pub

**서**울대 **가**지 않아도 들을 수 있는 **명강**의! 〈서가명강〉
유튜브, 네이버, 팟캐스트에서 '서가명강'을 검색해보세요!

ⓒ 이정화, 2018

ISBN 978-89-509-7379-7 (03590)

• 책값은 뒤표지에 있습니다.
• 이 책 내용의 일부 또는 전부를 재사용하려면 반드시 (주)북이십일의 동의를 얻어야 합니다.
• 잘못 만들어진 책은 구입하신 서점에서 교환해드립니다.